〈差別ごころ〉からの〈自由〉を

中島勝住

NAKAJIMA Masazumi

阿吽社

まえがき

　本書は、わたしが京都精華大学で1986年から担当してきた講義を通じて感じ、考えてきたことをまとめた、リリアンス・ブックレット『反差別教育としての人権教育』(2005)がもとになっている。約20年間にわたる学生たちとの貴重な交流を経たことによって、わたしの講義に対するスタンスとモチーフがある程度固まり、確信を持つことができるようになったことが、ブックレットをつくる動機となった。

　以降、現在まで毎年講義に使用してきたが、社会状況の変化や講義の性格の変化、そしてより広く読者を求めてはというすすめもあり、本書の出版となった。今回、大幅な加筆修正を加えたが、2005年からの10年ほどの時間がわたしの反差別に対する基本的な姿勢を変えることもほとんどなく、その点で本書は、ブックレットの新版と言うべきものである。

　今、日本社会では、「多様性」、「ダイバーシティ」などのことばを聞くことが珍しくはなくなり、日常的ですらある。本来、多様な人々によって構成される社会がさまざまな面で多様であるという事実は、疑う余地のないことだと思うが、今、政府までもがことさらに多様性を喧伝する状況は、歓迎する気持ちはありながらも、何かしらの違和感を感じざるを得ない。それほどに、これまでの日本社会が多様性に対して鈍感であったということなのだろう。

　こうした状況の中で、それまで顕在することが少なかっ

た、あるいは隠蔽、忌避されていた多様である存在が、マイノリティというカテゴリーを得て注目を浴びるようになった。そこでは、個別の多様性（マイノリティ性）それぞれの認知と承認に向けてさまざまな戦術がとられている。マイノリティのありようそのものが多様であるわけだから、そこで採用される戦術もさまざまであるのは当然であろう。

　しかし、私たち自身が多様であることにまだ慣れていないせいか、多様なもの同士の関係性にまで目を配ることは難しく、場合によっては、その違いばかりが強調されることもあるようだ。多様であるものに違いがあることは自明ではあっても、多様なものが同時に存在することができる社会をめざすためには、多様な存在相互の関係に関心が向けられなければならないと思う。

　こうした、多様性の中で個別性が強調されるということ自体は決して珍しいことではなく、従来からよく言われてきたように、それぞれの多様な状況（被差別の状況）が、言わば「孤立化」していると考えてもいいだろう。加えて現在では、この「孤立化」が、状況同士の中だけではなく、その状況を経験する世代間でも起きているようだ。例えば、現在の「いじめ」状況を経験する世代のことは、同様のようではあっても、それ以外の世代の経験ではなかなか理解し難く、そこで提示されるさまざまな「解決法」も、当該世代には響きにくい。

　それはなぜか。それは、多様であることがまだまだ承認されにくい状況であるために、どうしても個別性に特化した解決が優先されがちであることと関連するだろう。しかし、多

様性の承認が困難である状況というのは、それぞれの多様性、マイノリティ性が抑圧、排除されていることに他ならないのであり、そこに、つまり個別に存在している各状況や各世代に通底する「差別」のメカニズムとも言うべきものがあるという事実を物語ってもいるだろう。そして、それは結果的に、個別性に「分断」されるという状況を生み出すがゆえに見えにくいものでもある。しかし、私たちは、だれもが多様な「分断」状況全体を生きざるを得ないのであり、「分断」されるに任せてしまうわけにはいかない。

　したがって、本書では、「差別」のメカニズムについて、とくに「差別する」メカニズムに焦点をあてながら、その構造とそこから派生する実態を考えていきたい。それが、多様性全体を構成している個別な多様性をつなぐ回路となり、多様な存在が承認される社会実現のための、多様性（マイノリティ性）のネットワーク化につながればと思う。

◎もくじ ──────────〈差別ごころ〉からの〈自由〉を◎

まえがき　5

序章　〈自己〉解放教育 ……………………………………… 13
1　講義の背景　13
2　名称のこと　15

第1章　多文化主義と差別 ……………………………………… 19
1　差別の定義　19
2　オーストラリアの「反差別法」　22
3　オーストラリアの差別実態　25
Column 1　エイジズム　30

第2章　多文化主義と日本 ……………………………………… 32
1　「同じ」と「違い」　32
2　「違い」は「差別」か　36
3　「個性」とは「違い」である　39
4　自尊心と優越感　41
5　「区別」は「違い」の承認である　44
6　みんなちがって、それでいい　46
7　「差別をなくす」から「差別を減らす」へ　49
Column 2　自尊心・優越感再考　56

第3章　差別問題を考えるということ ……………………………………… 58
1　「差別語」は差別するか　58

2 「行為」と「非行為」 61
3 「意識」のやっかいさ 64
4 論理的錯誤 67
5 「意識」の囚われからの解放 70
6 差別を意識する 74
7 「差別行為」の判定 76
　Column 3 〈LGBT〉という表記について 80

第4章　差別の実態──「青い目　茶色い目」から 82

1 背　景 82
2 まなざし 85
3 差別の循環 87
4 自由なふるまい 91
5 経験の意味 92
6 立場の可逆性 93
7 能力の向上 95
　Column 4　感動ポルノについて 97

第5章　差別の実態──結婚差別から 99

1 背　景 99
2 第1ステージ 100
3 第2ステージ 101
4 第3ステージ 102
5 差別のメカニズム 107
6 差別は本能か、昔話か 108

7　差別の正当化　109
　8　結婚差別と結婚観　111
　9　差別しない根拠　112
　10　根拠をめぐるもう一つのこと　116
　11　「傍観者」の意味　117
　　Column 5　血のはなし　120

終　章　できるだけ差別しないわたしになるために……122

　1　差別に境界を引く　122
　2　差別問題を「教える」こと　124
　3　できるだけ差別しないわたし　125
　4　差別を減らすのはわたし　126
　　Column 6　「格差」ではなく「差別」　129

謝　辞　132

参考文献および推薦図書　133

資　料　134

序 章

〈自己〉解放教育

1　講義の背景

　出身大学の専攻が社会学および教育学であったというだけで、いわゆる差別問題の専門家でもなく、それゆえ、差別研究の経験もないわたしは、言わば仕方なく「差別問題を考える」講義を担当することになった。その初回に、それまでに受けてきた「人権学習」を振り返って、「『差別される側の気持ちになって考えてみなさい。あなたがされたら嫌でしょう。だから差別はいけません』と、どの教師も言う。疑問を持つことは必要ない。教師がマニュアル通りに教えるのなら、私たちはそのマニュアルに合った答えを書けばよい。みんなと同じように『差別はいけないと思った。だからわたしは差別しないようにしたい』と感想文を書いたら、その授業は大成功に終わったと、教師は満足した」と、半ば投げやりにコメントを書いた学生がいた。

　また、「先生はこう問いかけはじめました。『自分の身近に、この少年のような足の不自由な子が現れたら、どう接し、どう感じることがよいのでしょうか』と。するとひとりの子どもが答えました。『その子をかわいそうと思い、手

伝ったり気づかったりしてあげます』と。すると先生は腑に落ちない表情をしました。要領のよいわたしはこう答えます。『特別扱いはしないで、周りの子と同じように見てあげます』と。すると先生は『よくわかっているわね』とにこやかな表情をします。正しい答えと間違った答えがそこにはありました。計算高く考えれば正しい答えは簡単でした」と書いた学生もいた。

　大学に来るまでの「人権学習」において、このように感じている学生は多いのではないかという印象はあったが、この先の講義のことを考えると、少々ショックであった。しかし、講義の回を追うごとにこの印象は確信に近いものになっていった。また、「正しい」答の書き方を身につけている学生が多いことも、毎回のコメントを見ればすぐにわかってしまった。

　これをどのように考えればいいのだろうか。児童・生徒たちと教師たちで演じられている定番の連続ドラマのようではないか。展開のためにそこに多少の紆余曲折が準備されるように、実際の授業でも時に予定外の生徒のパフォーマンスはあるものの、最終的には演技者それぞれが役割を演じながら、先の学生が語るように「何事もなかったように正しく」授業は終了する。そこでの学びは希薄であるに違いないが、それよりも、そこに差別はなくならないと感じてしまう根拠を見てしまうことの方が落胆の度合いは大きい。

　多分、授業の「目的」は「正しい」。しかし、結果がことさらに問われる現在にあっても、「目的」に込められている「結果」とはほど遠い、このありさまではあまりに寂しいと

思う。数量化される結果が期待されるはずもないことは分かっていても、学生たちの中に、なにがしかの「成果」も見えないというのは、教育の失敗と言ってもいいのかもしれない。実際の教育現場を知らないとはいえ、こんな、闇の中を手探りで進むような感覚を持ちながら講義を始めたのであった。

2　名称のこと

　そう考えたとき、まず関心を引いたのが科目名であった。担当になった頃、多くの大学では、そうした内容の科目名は「同和教育」や「同和問題」であり、教職課程の科目であることが多かったように思う。

　しかし、当時わたしは、この「同和」という語に対して表現し難い違和感を持っていた。それは「同和」の語源である「同胞融和」ということばが、あくまでも「同胞」を前提とする以上、結果的に「異胞」を排除することになるのではないかという想いに発する違和感であり、同時に「同胞」であっても「融和」すれば差別がなくなるという、わたし自身も含めた差別する側のナイーブな、傲慢とも言える姿勢に対する生理的な嫌悪であった。また当時、「同和」という語は、主として部落差別を語るときの用語として使われており、部落差別以外の差別事象を取りあげる際には、この語に対する違和感がどうしても生じてしまう。

　したがって、科目担当者としてとりあえずは、科目名を「同和教育」から「解放教育」に変えることを考えた。但し、「解放教育」という名称も、部落解放同盟の運動の中で使用

されていた「部落解放教育」の影響を脱し難かったので、講義が始まるときには、多少の気負いもあり、「〈自己〉解放教育」とすることにした。というのも、当時のわたしに、「部落解放教育」を講義するなどできるはずもなかったからだが、それよりもこの自己解放ということばに、差別的諸関係の中にあって、それに縛られてしまっている自分を発見し、そこから自らを解放するという意図を込めたかったのである。

　ちょうどその頃、部落差別をなくすためには「差別をする側」と「差別をされる側」の「両側から越える」ことの意味と必要性が提起され、一方、これまで「差別される側」が注視されがちであったことに対して、「差別する側」をこそ見すえるべきであるとの主張も出ていた。この両者のあいだには力点の置き方の違いによる議論もあったが、わたしにとっては、その中にあって、自己解放こそが問題の核心なのだという理解が重要であった。

　わたしの差別問題に対するこうした認識と、先にあげた学生の感想が出会うとき、従来の「同和教育」に対する批判を避けて通ることはできないと思われたが、教師として高校までの教育現場を知らないわたしにとっては、批判はともかくも、この自己解放という方法論こそが、唯一依拠できるものに思えた。

　そして、1995年から2004年までを、「人権教育のための10年」とすることが国連で決議されるや、従来の「同和教育」や「解放教育」など、日本の学校教育で「差別問題を考える」授業の名称が、あっという間に「人権教育」や「人権

序章 〈自己〉解放教育

論」という名称に置き換わっていった。

　日本の場合、従来から差別と言えば部落差別が取りあげられることが多く、教育内容や方法も良かれ悪しかれ部落問題と深く関係があった。行政用語である「同和」、あるいは運動用語である「解放」のどちらが使われるにしても、差別問題として部落差別だけが取りあげられることに対して異論を持つ人たちも存在していた。この意味において、「人権教育のための 10 年」は名称だけではなく、内容の変更にとってもまたとない機会であった。

　一方、変更に対する批判も存在した。それは、差別という具体的な姿が見えにくくなる、差別事象はさまざまであるのに「人権」という抽象的用語でひとくくりにされてしまう、というものであった。確かに、「人権教育」が「人権とは何か」といった抽象的議論に終始する場合は、現実の差別から眼を遠ざけてしまうといった批判も的はずれではない。しかし、「人権」が問題となる現実社会における差別諸事象に焦点が当たっていれば、そうした心配は杞憂に終わるだろうと考えた。

　また日本の事情に即して言えば、あたかも、差別事象そのものに優先順位があるかのような事態をただす機会でもあり、この際、部落差別であれ、人種差別であれ、障がい者差別であれ、女性差別であれ、人が人を差別するメカニズムは共通することを認識する機会でもあった。そう考えて、「人権」という概念がもともと幅のあるものであり、抽象論、一般論になってしまわなければ、「〈自己〉解放教育」が「反差別教育」につながるという立場で「人権」を語ることができ

ると思ったのである。

　とすれば、「人権の大切さ」をことさら強調したり、くり返してもさほどの意味はない。なぜなら、「人権の大切さ」は、「世界人権宣言」にもみられるように、私たちの生活のベースにあり、例えば学校教育では、すべての教科の中に、その内容を理解するための基礎としてある。この認識があれば、スローガンとして「人権の大切さ」を言うだけの授業にはならないはずである。

　したがって、「人権教育」すなわち「反差別教育」の目的は、「人権の大切さ」について学ぶことにとどまらず、その学習を通して自己を解放し、その上で「人権侵害をしない」すなわち「差別をしない」自己の確立ということになる。そして、そのためには、差別の実態とメカニズムを知ることが重要であり、知るプロセスを通じ、差別に反対する、差別を認めない、すなわち「差別をしない」自己の確立が可能となる。そうすれば、自らが「人権」を大切にしているという実感、その結果として自他を問わず「人権が大切にされている」という実感を持つことができる社会が実現するかもしれない。

第1章

多文化主義と差別

1 差別の定義

わたしは1970年代後半から、中国の少数民族教育に関する研究を多文化教育という領域の中で開始したが、このことがマイノリティ（少数派）に対する差別という関心へとつながっていった。多文化教育というのは、例えば、アメリカで編集された『多文化教育事典』では、以下のように定義されている。

> 多文化教育（multicultural education）とは、哲学的概念であり教育的プロセスである。
>
> 多文化教育は、アメリカ合衆国の強さと豊かさはこの国の人的な多様性にあることを認識する。大学や学校の教職員が多人種的で、かつ多文化的なリテラシーを備えていること、例えば幼稚園から中学校までの教職員が、英語を母語としない児童を教えることができることを求める。カリキュラムに関しては、アメリカ合衆国市民である諸集団の貢献、視点、経験に即して、概念や内容が構成されることを求める。また、人種、エスニシティ、

> 社会・経済的階層、ジェンダー、性的指向性、障がいに関わる社会問題に取り組む。多文化教育は、児童の多様な思考様式に基づいて形成される児童に馴染みのある文脈において、授業を展開する。さらに、児童が世界や国家の出来事を探求し、またそれらの出来事が児童自身の生活に、どのような影響を与えるのかを探求することをかれらに促す。民主的な判断力、社会的行動力、エンパワーメントなどと同様に、批判的思考力を育成する。

　アメリカ社会が多様性を構成原理としていることを前提とし、そこにアメリカ社会の特色があり、世界に誇るべきものであると、いささか気負ったようにも感じられる宣言をしている。またこの定義は、2016年の大統領選挙に見られたように、そこに謳われているような状況の実現にはいまだ至っていないアメリカ社会を思い起こさせるものの、現実の差別が、多様性の原理を承認しないところで起こることを示唆していると捉えれば、きわめて重要な内容を含んでいる。
　このような多文化教育の哲学とマイノリティ研究によって、現実社会に存在している差別が生起するメカニズムと多様性の原理の承認が強く関連しているとわたしは考えている。そして、このことを理解するためには、これまでに自らを縛ってきた社会意識や社会規範の更新が避けられず、そこから解き放たれる必要性を強く感じる。そうであるからこそ、自己解放という方法と認識が、わたしの教育・研究の中核となった。
　その確信がさらに強まったのは、1995年から翌年にかけ

てのオーストラリア・メルボルン滞在であった。その時に「〈自己〉解放教育」とマイノリティ研究が、「反差別教育」としての姿をとりはじめ、より具体的に差別のメカニズムを明らかにすることができるのではないかと考えるようになったのである。

　差別を定義することは容易なことではない。日本におけるすでにある定義は、具体的な差別事象に直面している人々にとってはとくに、どれも、隔靴掻痒の感があり今ひとつしっくりしないと感じられることが多いと思う。

　オーストラリアには「反差別法」と呼ばれている一連の法律があり、最初の「反差別法」は、1966年の国連による「人種差別撤廃条約」がオーストラリアにおいて批准された1975年につくられた。それは「人種差別禁止法」と呼ばれ、そこでは以下のように差別が定義されている。

> 　政治、経済、社会、文化、その他あらゆる社会生活の領域において、人種、肌の色、家系、特定の国籍、あるいは民族を根拠とした差別、排除、制限、不利益をともなういかなる行為も、また、万人が等しく保持している人権や基本的自由の承認、享有、行使に対し、その無効化や妨害を意図するいかなる行為も、何人によらず違法である。

　これは法律であるから、反することがあれば法律違反となり、それなりの代償を払わなければならない。これに対して日本では、「差別してはいけません」という道徳的、倫理的

規範や、「差別はなくさなければなりません」、「差別問題の解決は重要な国民的課題です」といった努力目標的なスローガンはあるものの、その性格上、差別の実態が明確にはなりにくく、最近のヘイトスピーチをめぐる議論でもわかるように、「禁止」の対象が一体何なのか非常にわかりにくい。

その意味でオーストラリアの差別定義は、広く差別事象をカバーしていて、かなり納得のいくものである。とくに「行為」を差別として規定し、それらを違法であるとしている点が注目される。

2 オーストラリアの「反差別法」

オーストラリアではこの法律のあと、同様の主旨の「反差別法」がつぎつぎと制定された。1984年には「性差別禁止法」、1992年には「障がい者差別禁止法」、そして1993年には、オーストラリアにおいて長年の懸案であった先住民のアボリジニに対する土地権を認めた「先住民土地権法」が制定された。これは、18世紀末期以来、アボリジニに対して過酷な差別が行われてきたことに対する反省にもとづくものだと言ってもいい。また、2004年には年齢を根拠にした差別的取り扱いを禁じる「年齢差別禁止法」が加わった。

ただ、オーストラリアでも、狭義には1901年に始まったとされる白豪主義が1970年代半ばには終焉し、その結果、多文化主義国家に変身をとげていたにもかかわらず、それからこの法律ができるまで20年あまりの年月を要したのは、反差別に関わる法制化が一筋縄ではいかないことを示している。

1995年には、1975年の「人種差別禁止法」に新たな条項が加えられ、法律の名称も「人種的憎悪禁止法」と改められた。その中では、以下に示すように、「人種、肌の色、国籍および民族を根拠とした侮辱的態度・行為」として、「侮辱的態度と行為」を「差別行為」とする考えを示し、また、「差別行為」と見なされる場所について大幅にその範囲を拡大している。

> (1)私生活における場合を除いて、ある行為が法に抵触するのは、
>   (a)いかなる事情であっても、その行為が、ある個人、あるいはある集団に対して、不快感を与え、侮辱し、辱め、威嚇していることが明らかな場合
> (2)(1)項の私生活上のことと見なされない行為とは、
>   (a)それが、世間に伝達される悪意あるうわさや伝聞、イメージ、表現の原因となる場合、もしくは；
>   (b)それが公共の場所で行われる場合、もしくは；
>   (c)それが公共の場所にいる人々に見聞される中で行われる場合

加えられた条項は、差別発言やしぐさなどのように、「物理的な行為」ではない表現も違法な「行為」と見なされるという「行為」に対する解釈の拡大であり、違法な「行為」を認める手続きの簡素化を含む。また、そうした違法とされる「行為」が、社会生活のほぼすべての場面において認定される可能性を意味している。

日本のことを念頭に置いたとき、ここまで徹底するのは「やり過ぎ」ではないか、「行為」だけがクローズアップされ、人々が持つ「意識」の部分は取り残され、隠蔽されていくのではないかと思ったほどである。しかし、日本での事情はどちらかと言えば逆であり、実際の「行為」に対しては有効な手段が取りにくい状況があり、それ故に、とくに学校教育などの場面では、「意識」が必要以上に強調されている。その意味では、オーストラリアにおける「行為」に対する考え方は、日本において差別を捉える際の、従来とは違った視点を提供する。

　日本人のオーストラリアに対するイメージは、「反差別法」が制定された1970年代半ばを境にして劇的に変わる。とくに学校教育の場面で、白人至上主義である白豪主義に関する解説は、多文化主義国家オーストラリアを記述する内容に取って代わった。ということは、白豪主義をイメージできるのは恐らく現在50歳以上の世代ということになる。つまり、1970年代半ば以降に学校教育を経験してきた今の若者を含む世代は、多文化、多人種の国、あるいは自由で明るいオーストラリアをイメージする者が多い。しかし、この劇的な変化がおこってさほどの年数はたっていない。1958年に、アジア系移民希望者に対して、かれらが知ろうはずもないヨーロッパ言語の中から50語書き取りテストを課すという悪名高い「言語テスト」がようやく廃止されたものの、多文化主義オーストラリアがスタートしたのは、本格的にすべての移民に対する差別が撤廃された1970年代半ばからに過ぎないのである。

また、6万年もの歴史を持つと言われているオーストラリア先住民族であるアボリジニやトーレス海峡島嶼民に対しても、彼らを人口センサスに加えたのは、つい1971年であった。彼らが「国民」として認知されてから、これまた半世紀も経っていない。つまり、国として人種差別をしない決意をして、まだ間がないということである。

3　オーストラリアの差別実態

1995年のメルボルン滞在中、わたしにこうしたことを思わせずにはいられなかった「事件」を一つ紹介する。オージーフットボールというラグビーとサッカーをあわせたような、究極の球技といわれるスポーツがある。このスポーツの国民的英雄の一人であるアボリジニのスター選手が受けたレイシズムをめぐることである。

彼は、ある白人選手からきわめて差別的な「ことば」を試合中に浴びせられた。これまで、オージーフットボール界では、そうした差別事象を自ら告発するのは容易なことではなく、それが表に出ることは多くなかったようだ。しかし、今回は「耐え」難い「ことば」であったからか、告発に踏み切ったのである。当然、反響は大きかった。経過の詳細は省くが、ここではこうしたレイシズムを正当化し、擁護する主張を紹介する。

いわく、「昔はよく言ったものだ。グラウンドでのレイシズムはよくあることで、そんなことはお互い様だ、そんなに大げさにいうことではない」、「一部のアボリジニ選手は過剰に反応している」、「グラウンド内でのことはグラウンドで解

決すべきだ」、「事件を公にしたのはルール違反だ」、「白人のようにふるまえば……」など。これらを象徴するフレーズとして、「Sticks and stones may break my bones, but words can never hurt me.（棒や石はわたしの骨を砕くかもしれないが、ことばがわたしを傷つけることは決してない）」という見出しが新聞紙面を飾っていた。

　私たちにも聞き覚えのあるようなことばが並んでいる。少々驚いたことに、こういった主張がマスコミを通じて堂々と出てくるのだ。この表現の「自由」の素朴さには驚いたものであるが、反論もきわめて厳しく、結果的にはこうした言説の側には勝ち目はなかった。しかし、差別をめぐる言説、とくにする側の「正当化」の論理は、どこも同じなのだと納得もした。

　ただ、日本と大きく異なるのは、こうした差別「事件」がかなりオープンにされること、法律などの規範によって処分、処罰がすみやかになされること、少なくとも世論はそうすべきだと思っていることである。ただ、「事件」があまりに合理的に「処理」されることによって、「解決」へのプロセスが持つ「教育的効果」は少ないようにも思える。これが、こうした「事件」がなかなか減らない理由なのかもしれない。

　一方、日本社会には、逆にこの合理性が少ない。したがって、差別「事件」がオープンになりにくく、代わりに人々の意識下に沈潜していくことが多い。だからこそ、その意識を問題化する教育が可能でもあるとの解釈もあり得る。

　オーストラリアでは、「差別」という事象を、その事象が

起こったときにどう対処するのかという点に主要な力点を置きながら、しかも、でき得る限りオープンに議論し、解決の方向を探ろうとしていると言えよう。実際に見聞きした差別は、先住民であるアボリジニに関連するレイシズムが多かったが、そうした差別が起こるのは残念だが致し方ない、だから起こったときにどのようにすれば、今後は起きないようにすることができるだろうか、ということのようであった。

　こうした対応は対症療法的なもの、あるいはその場しのぎの一過性の対応に過ぎないとする指摘もあるかもしれないが、差別事象が具体的にオープンにされながら、その行為者に対して、あるいはその背後の雇用者や組織に対して、法律によってその差別性が明らかにされていくのは、おそらく、かつての部落解放同盟の糾弾闘争もそうしたものであったのではないかと想像すれば、納得のいくものである。つまり、いずれも、なぜ差別が起きるのか、そのメカニズムの解明が意図されているからである。

　もちろん、オーストラリアと日本とで社会的に共有されている意識の違いがあるので、一概に両者を比較することには慎重であるべきだが、日本にあって、糾弾闘争が、その後陥ってしまった混乱にいささか戸惑っていたわたしにとって、何とあっけらかんとしていることかと感動すら覚える経験であった。それは、おそらく、差別が起きるのは仕方のないことだ、誰もがその可能性を持っているのだということを前提にしたオープンさであろう。差別する可能性を否定しない、隠さないということである。

　まさに、自己解放の足場を見た感じがしたものである。幾

渡もくり返されるオープンな議論には、オーストラリア社会における後を絶たない差別の実態を見ることもできるわけだが、わたしには、「差別をなくす」と言うよりも、「差別を減らす」ための地道な努力の証明のように思われた。オープンであればこその、「なくす」のではなく「減らす」リアリティをそこに見た。

ところで、1995年の「人種的憎悪禁止法」は、その後、2016年まで変わっていない。ただ、2014年に、当時の連邦政府法務長官のジョージ・ブランティスが、保守政権や超保守的シンクタンクを後押しに、先に紹介した現行法の「不快感を与え、侮辱し、辱め、威嚇していることが明らかな場合」という箇所を「威嚇や暴力」に限定することを内容とする「人種差別禁止法改定法案」を提出した。要は、「差別行為」を「物理的な行為」に限定し、「差別発言」や「差別表現」などによる「侮辱」を違法な「行為」とはしないということであった。

しかし、この法案に対しては、労働党や少数民族有権者だけではない広汎な反対運動が起こり、さらに保守政権の母体である自由党や保守連合の議員の中でも反対するものが現れたため、「改定法案」が日の目を浴びることはなかった。しかし、1995年当時も議論になったように、違法「行為」解釈が拡大することによって、違法とされる「行為」が激増し、オーストラリアがあたかも差別蔓延社会になるのではという恐れが現実化したことが、20年後のこの「改定法案」提出につながったと見ることもできる。

ということは、この20年の間、先に紹介したような差別

実態は変わらずに存在していたし、していることを意味しているのかもしれない。しかしより重要なことは、それが成立しなかったという事実が、「差別をなくす」ことの困難さは今でも変わっていないが、違法な「行為」を顕在化させることによって、具体的にそれを一つずつなくしていくプロセスを重視しようという姿勢も変わってはいないことを証明している点であろう。

Column 1

エイジズム

　「限界集落」、「消滅集落」というのは、過疎化が進んだ地域の究極のすがたである。それを示すのは、高齢化率というデータ、つまり、65歳以上の高齢者が人口に占める割合である。それは、あたかも「自然現象」のように捉えられがちであるが、決してそうではないだろう。明治以降、3回の大規模市町村合併によって、「小さな」町や村は劇的に減った。その代わりに、「大きな」町や市が誕生した。村や町が「市」になったと無邪気に喜んでいる場合ではない。市になったところで、住所表記が変わるくらいで、日常生活の場が変わるわけではない。

　しかし、外側の者にとっては、新たな住所表記を耳にしても、頭の中の地図上にその場所を落とし込むことができない。場所のイメージができない。市や町が大きくなっても、名前が新しくなっても、その中での「限界」や「消滅」可能性はほとんど変わらないばかりか、実際はさらに進行する場合が多いから、「消滅」していく集落の場所が、名前から具体的にイメージできないという現象は、それを意図した者がいるとすれば、実に都合がいいというものだが、果たして、そこまで仕組むほどの狡猾さを、だれが持ち合わせているのだろう。

　高齢化は過疎地でだけ進んでいるわけではない。論理的には、すべての地域でほぼ均等に進んでいる。大都市でも小都市でも、もちろん田舎でも。だが、この高齢化と少子化がセットになって極端な人口減になるのは、「生活難民」と呼ばれる状態が生じることになる、拡大した町や市の中の「周縁」地域である。統合後の市や町では、新たに「周辺」になった地域から、病院などの生活インフラや人口維持のための最後の砦である学

校を、財政の効率化を大義名分にしてなくしていくからである。すなわち、移動可能な人々を中心に集めようとするのが町村合併の隠された目的であって、移動できない人々、すなわち高齢者は「周辺」に住まい続けるしかなく、いつしかそれは「限界集落」「消滅集落」と呼ばれるようになるのである。

　これをエイジズムと言わずして何と呼べばいいのだろうか。個人金融資産を多く抱え込んでいる高齢者に対して、「いつまで生きるつもりだよ」という、自身が後期高齢者である大物政治家の発言が物議を醸したが、人を消費する者としか見ない感覚と、今過疎と呼ばれる集落に静かに暮らすもともと金融資産などとは無縁な高齢者に対して、音も立てずに忍び寄る「狡猾」な仕打ちは、高齢者に対するリスペクトのないエイジズムという点で共通する。物議を醸すべきは、声高で乱暴なもの言いではなく、確実にこちらだろうと思う。

第2章

多文化主義と日本

1 「同じ」と「違い」

　前掲の『多文化教育事典』では、多文化主義とは「多元的社会におけるジェンダー・民族・人種・文化に見られる多様性がすべての社会制度、とくに教育制度（教職員、規範、価値観、カリキュラム、児童集団を含んだ）において反映されなくてはならない、とする哲学的立場および運動のことである」と定義され、とくに多文化教育を保障する教育制度の重要性に言及している。

　多文化教育については、ことがらがきわめて具体的な教育政策に反映するため、国によって、また研究者によってさまざまな考え方が存在している。しかし、ここでは、「多様性の承認と反映」という多文化主義の基本概念に絞って、反差別との関連を探っていきたい。

　そこで、とくに学校において、多文化的な空間が成立するためのステップを示してみる。

ステップ１：差異の可視化（顕在化）↔「同調圧力」
　　　　　　多元的現実（ありのまま）を直視・承認

> ステップ２：マイノリティ（少数派）の誇り ↔「排外主義」
> 　　　　　　誇りを持つことができるための抽象的ではない、具体的・現実的な環境構築
> ステップ３：マイノリティとの共存 ↔「序列化」
> 　　　　　　「違い（差異）」による優劣をつけない社会的態度

　「多様性の承認と反映」に関連させながら、この３段階のステップに共通して重要だと思われるキーワードを挙げれば、「同じ」・「違い（差異）」・「平等（公平）」・「差別」・「区別」さらには「個性」ということばになろうが、これらは、学校教育だけではなく広く日本社会で使われているものである。しかし、人によってその捉え方が定まらないと思われるので、意味や使用例の整理を試みながら、日本における多文化主義の可能性を探ってみたい。

　個性を大切にしよう、一人ひとりの子どもを大切にしよう、「違い」を認めようといったスローガンがあたりまえになった現代社会の中で、とくに学校の中でこの「違い」の処理の仕方に関して、子どもたちの中に戸惑いが生じる。つまり、「違い」を認めることが、その「違い」を根拠とした差別につながるのではという、疑念である。

　どうしてそのようなことになるのだろうか。これまでの学校が平等や公平といった理念を掲げ、その実現の手段として、「同じ」であることを重視してきたことと関連がある。

　近代公教育制度の目的は、もともと現実の社会はさまざまな「違い」が同居しているという前提の中で、国民に対して

効果的に秩序（公共性）意識を形成させることにあった。ところが、いつのまにか、「違い」がある現実が忘れ去られ、外面だけではなく内面までも「同じであること」を幻想、強要するようになり、秩序維持の容易さばかりが追求されるようになったのである。図示すると以下のようになる。

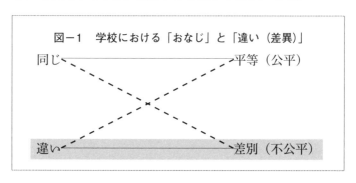

　この図の実線部分にあるように、「同じ」であることが「平等」（「公平」）を担保するものとして考えられ、それは現在にまで至っている。しかし、もともと違っているものを「同じにする」には無理があったのであり、その無理がたたってさまざまな教育「問題」として現れてきたという面も少なくはない。図の中の「同じ」—「平等（公平）」と「違い」—「差別（不公平）」がクロスすることなく、平行のままであることが良しとされてきたのである。

　そして、「同じ」であるためには「同じ扱い」が何よりも重要であった。確かに、「同じ扱い」は、場合によっては平等、公平を体現するために不可欠である。

　例えば、テストの点数が80点と60点である場合、その点数差を「個性」ということで済ませてしまうには無理があ

る。70点を基準にして、「よくできました」、「もう少しがんばりましょう」という評価であれば、基準が同じなのだから異論を唱えられることは少ないだろう。これが「同じ扱い」である。

しかし、絵画のように点数化されないような成果をあげた二人の子どもを、その優劣を「同じ扱い」である同じ基準で評価するのには、基準を設けること自体に無理があるようであって、評価そのものが難しくなると思われる。

そうであれば、同じ評価基準ではなく、異なる評価基準で「同じように」評価するということは考えられないのであろうか。この場合の異なる評価基準というのは、例えば、その子どもの過去の作品である場合もあり得るし、作風が似かよっている他の作品ということもあるかもしれない。こうした評価がそれぞれになされる時、二人の子どもは、他者との比較を経ずとも、公平に扱われたという気持ちを持つに違いない。

こうした評価は、私たちがこれまで慣れ親しんできた学校評価の中にある平等、公平の感覚とはいささかのズレを感じるかもしれない。しかし、「同じ」ではない異なる評価基準を持ち込んでも、公平さを感じることができるという新鮮さがそこにはある。これを、「同じ扱い」ではなく、「同じような扱い」であると表現してみれば、そこにある違和感は少しは減ずるだろう。

学校の中での「同じ扱い」は、もともと「同じ」評価基準では評価できないものまでも、「同じ扱い」をしてしまうことによって、結果的に「同じ」―「平等」という枠の中に無

理やりに押し込んでしまうことでもあった。つまり、この場合の「同じ」は、つまり「違いがない」ということになってしまう。

　しかし、当然のことだが、クラスの中の何十人もの子どもたちが「同じ」であろうはずはないので、何らかの強制的手段を用いて「同じ」にしてしまうことが実践される。例えばそれは、学校の中での子どもたちのすがたかたちを、幅のせまい基準の中に収めてしまおうとする服装規定などに見られる。

　確かに、学校における平等、公平の理念は誤りではないだろう。しかし、それを求める手段として、「同じ」評価基準による「同じ扱い」があまりに広く適用され、そして常用されているのではないか。そうしたことが、「違い（差異）」をありのままのものとして素直に認められない、誤った平等感や公平感を持たせてしまう結果を生み出している。平等や公平さを求める方法は決して一つではない。

2　「違い」は「差別」か

　図−1を再度取りあげてみよう。図の中で、「同じ」と「差別」、「違い」と「平等」を点線で結んでいる。もし、日本で多文化主義にもとづく教育、つまり多文化教育の可能性があるとすれば、それは、この図の中の点線が現実のものになった時だろう。

　なぜなら、実線で表現されてきた従来の学校価値は、「違い（差異）」を排除の対象と見なすことが多く、そのために、実は、図下段の部分は隠されてきた。その結果、「差別行為」

は潜在化してしまい、誰しもが見えるところまで浮上してこないまま、隠蔽されてきた。この隠蔽された「差別行為」を顕在化させるためにも、点線で結んだ新たな学校価値をつくり出す必要がある。

また、「同じ」という概念も、厳密に考えなければならない場合がある。それは、「同じ」であることが、「平等」、「公平」を担保するという文脈で語られる時である。以下のふたつのフレーズの違いについては、正確な理解が必要である。

> A）「みんな同じ、○○なのだから……
> B）「みんな、同じ○○なのだから……

A）は、○○という点に関しては、みんな「同じ」であるという解釈だが、それに対してB）は、みんな、「同じ」○○であるということになり、「同じ」が○○を形容している分、○○の中での差異はないことになる。これは、自然界において概ね非現実的な状態の強制を意味する。例えば、○○に「人間」を当てはめてみれば、その非現実性がよく理解できる。この場合、「人間」＝「クローン」となる。

学校教育の場面だけではなく一般社会においても、こうしたフレーズが、これまで安易に語られてこなかったであろうか。それを聞いた子どもたちが、B）のような理解をし、そうすることが「平等」や「公平」を実現するのだと考えたとしたら、前記した三段階のステップにおいて、「同調圧力」、「排外主義」、「序列化」すべてを身につけてしまうという誤りを犯してしまうかもしれない。

但し、「同調」、「排外」、「序列」を生産性という面から見れば、その効率をあげるための効果的な方法であることも確かである。例えば、建築資材としての杉が、かつて日本中で一斉に植林されたことがあった。時間が経ち、「見事」な杉林ができあがった。まさに、「同調」と「排外」の結果、杉だけの林、植林の時期による整然とした「序列」の林が、見事に実現した。だが、市場の変化は建築資材としての杉の価値を一気にゼロにしてしまい、もはやその「見事」な杉林は厄介者になり果てているところが多い。

杉が植林された40年ほど前、その土地や山は多様な植栽があった場所であり、雑木林や里山として管理されてきたところだった。今、雑木林や里山のよさが再認識されていることから見れば皮肉なことだが、効率を目指す方法は、目的に対して必要最小限にとどめておくべきであるという教訓が見えてくる。

このように考えれば、学校はすべて異なる人間を相手にするのであるから、教育の場で生産性を上げるべく管理や効率を追い求めるのは、必要最小限にとどめるべきであって、「見事」な杉林のような児童・生徒集団を求めるというのは、制度やそれを管理する人間の傲慢さの現れだと言うことができる。人間をクローンに見立てることによって、どのような効率を実現しようとしているのか。言わずもがなのことではあるが、教育の目的は効率にはない。

もちろん、一般社会でも、例えばアメリカの繁栄はその社会の人種的多様性にあったことが、今次の大統領選挙キャンペーンの際にクリントン陣営の側で誇らしげに語られたこと

などから見ても、生産性や効率と多様性は矛盾しないと考えられている場合も多い。たとえ、今世界で、多くの国や地域が、総じて内向きの排外的傾向が強くなっているとしてもである。

3 「個性」とは「違い」である

　1980年代半ば、学校教育の現場では「違い（差異）」が「個性」と名づけられ、再発見された。そして、日本中で一斉に「個性」の重視が連呼され始めた。しかし、すでに述べたように、「同じ」─「平等」の裏返しである「違い」─「差別」という関係が、教育現場ではこれまであまりにも強固に内面化されてきた結果、「違い（差異）」や「個性」の重視や尊重は「不平等」につながる、もしかすれば「よくないこと」になるのではないかといった疑念が、教師だけではなく子どもたちにも生じたと想像される。なぜなら、これまでにも、「同じであること」を強要されてきた中で発揮される「個性」、例えば「不良」や「ヤンキー」のような「個性」は決して扱いやすいものではなく、とくに教師たちにとっては手に余るという経験をすでにしてきたからである。教育現場に混乱が起こることは自明のことであった。

　さて、学校や社会に承認される「個性」とは、果たして「個性」と呼ぶことができるのだろうか。つまり、社会的に承認された「個性」が、その時点でも「個性」と呼べるのかということである。

　「個性」の存在が許される条件を想定してみると、まず、同じではないことが容認できるか、つぎに、違いに序列をつ

けないでいられるか、ということが重要である。この条件を現在の学校や社会が備えているとは考え難いので、学校において「個性」が存在することはかなり困難だということになる。そうだとすれば、「個性を重視する」といったスローガンが空手形になることは予測できたことであり、逆に、学校の承認があることをいいことに、あたかも「個性」がオールマイティの切り札として使われてしまい、学校現場を混乱に陥れたことも少なくはなかった。

　スローガン自体は間違ってはいなかったのだが、それを受け入れるには、教師、児童・生徒ともに準備が不足していたと言わざるを得ない。現在このことが教訓化されているなら、教師は、安易に「個性を発揮しよう」などとは言わないだろう。秩序のない学校、公共心を養わない学校でよいとは誰も思わない。ただ、学校秩序は、人はみな違うのだという、この単純だが当然のことだけを再確認し、それをベースにつくりあげればいいことである。

　ある学生は、「人はさまざまです。それぞれの個性があります。それ故、違和感を感じることはあります。でも、それが間違っているわけではありません。自分が他者へ感じる違和感や、自分と違うものを受け入れることは難しいことです。他者のすべてを受け入れることは不可能です。他者を理解することはとても困難です。でも、そういった、自分とは違う人が存在することを自覚しなければならないと思います」と自らを振り返っている。

　また、「個性というのは、他の人も多かれ少なかれ持っているだろう共有可能な諸々の感覚の、どの部分にどのように

反応するかの個人差、言い換えるなら、波長の波形が一人ひとりさまざまであって、一部似ていたり一致したり、もしかしたらまったく凹凸が逆のところにあるかもしれない、そういうものではないでしょうか。例えば、わたしの個性というのは、わたしのその波形を指すだけで、それ自体賞賛されるものでもなければ、けなされるものでもありません。ですからわたしにしてみると、個性的ということばに何ら意味がないように思え、結果、いつでも首をかしげてしまうのです」と「個性」という概念自体の無効性に気がついている学生もいる。

　少なくとも、今、この「違和感」として、そして「さまざまな波形」として普遍的に存在する差異こそが「個性」の源泉なのだと、学校における「個性」を再定義することが緊急に求められている。

4　自尊心と優越感

　さて、「個性」、「違い（差異）」、「公平」、「不平等」などが複雑に絡み合ったこの状況は、どのようにすれば解きほぐすことができるだろうか。

　確かに、例えば芸術を志すものが、他の作品との差異化を制作意欲や発想のエネルギーにできないとなれば、途方に暮れてしまうだろう。「違い（差異）」や「個性」が重要であることは、誰に言われるまでもなく理解できる。もちろん、そう思うのは芸術家だけではなく、ほぼ人はそういうものだと言うことはできる。

　そこで、つぎのような考え方を提示してみたい。すなわ

ち、自尊心と優越感というふたつの感情によって、出口がないと感じてしまっている行きづまり状態を解消しようという提案である。

　自尊心とは、広辞苑によれば、「自分の尊厳を意識・主張して、他人の干渉を排除しようとする心理・態度」とあり、少しわかりにくい。一方、優越感とは、「自分が人よりすぐれていると思う快感」とある。なるほど、そのようなものだろうと何となく納得できる。

　これらの定義をもとに、両者の感情のありようを整理してみると、自尊心は他者との関わりを経ることなく、自らの中で生じる感情をベースにしていると言うことができる。一方、優越感は自らと他者の関係から生じる感情がベースにあるのであり、この違いは、芸術家のように、「違い（差異）」や「個性」を自らの考え方や行動の基本的な指標とする場合、きわめて重要なものになるだろう。

　そのイメージを図示してみると、図‒2のようになる。

　つまり、自尊心とは、自らを0レベルから向上させようとする中で生まれる感情である。そして、結果として他者とのあいだに「違い（差異）」が生じたように見える。しかし、この「違い（差異）」は、あくまでも結果的にそうなったのに過ぎないので、そこにできた「違い（差異）」自体は、自尊心にとって必須のものではなく、一時的に意識されることがあっても、そのうちに意識の外に霧散していく。それに対して、優越感とは、いわば他者を、自己のレベル（0レベルとする）よりも引き下げることによって「違い（差異）」をつくり出し、その落差の大きさによって快感を得る感情である。

第2章　多文化主義と日本

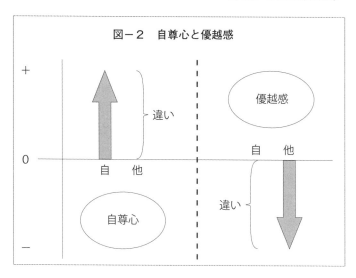

figure-2　自尊心と優越感

　これを差別との関連で考えてみれば、自尊心は、他者との関係の中ではなく、自己内部での感情の生成なので、差別感情や行為とは疎遠でいられる可能性が、少なくとも優越感よりも大きいと言える。一方、優越感に基づく快感、それによるエネルギーは、結果として、他者を差別することにつながりやすい。

　ここで、図-1と図-2をあわせて考えてみるなら、つぎのようなことが理解できる。

　「いじめ行為」や「差別行為」は、自己が0レベルにあることを前提に、優越感がつくり出した「違い（差異）」（「個性」も含まれる）に対して為される。この「違い（差異）」は、学校では正しいことと意識されている「同じ」が強要される中で、きわめて恣意的につくり出され、行為者は、行為対象者に対して、その「違い（差異）」を「差別」や「いじ

43

め」の根拠とする。「差別」や「いじめ」をするために「違い（差異）」がつくり出され、そのつくり出された「違い（差異）」を根拠に、「差別」、「いじめ」が行われるという構造である。

　一方、自尊心がつくり出す「違い（差異）」は、「差別」や「いじめ」をしようとしてつくり出されたものではなく、結果的に生じたと考えられるから、「差別」や「いじめ」の根拠とはなりにくい。

5　「区別」は「違い」の承認である

　この話をした講義のコメントに、「わたしが思うに、差異が上下に生じるから差別が起こるのだと思う。差異が左右（横）に起これば、個性だけで差別は起こらないのではないか。上下の差異ばかり見ないで、横にも差異があることを見つけることが大切だと思う」と書いた学生がいた。

　図‐2は、自尊心にしろ優越感にしろ、同じ評価基準によって起きる「違い（差異）」を考えたものなので、この学生の提案は、異なる評価基準を持ち込むことによって、評価の相対化を示したものと言える。つまり横並びの「違い（差異）」というわけである。実は、この図式こそ、多文化主義と反差別との関係を考える際の大きなヒントになる。

　それを示したものが図‐3である。

　但し、以上のような整理は、どれも理念的に過ぎるかもしれない。偉大なる芸術に、一歩間違えれば、「差別行為」ともなりかねない状況が生み出したものがあることは、つとに知られているし、創作エネルギーの発生源がどこであって

第2章　多文化主義と日本

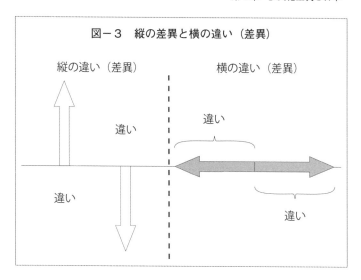

図－3　縦の差異と横の違い（差異）

も、そこから生み出された結果としての作品には関わりはないといった考え方も、理解できなくはない。

　しかし、ここでは、「平等」、「公平」、「違い（差異）」、「個性」などといった概念のあいだに学校や社会が引いてしまっている境界線が、「違い（差異）」と「個性」、「区別」と「差別」の違いについて混乱をもたらしていることを正すことこそが重要である。

　「同じではないこと」、つまり「違うこと」が「不平等」や「不公正」や「差別」につながると考えてしまう混乱は、やはり混乱でしかなく、真に「個性の重視」を実現するためには、概念のあるいは概念間の再整理が必要である。

　つまり、「不平等」や「不公正」や「差別」は、「違い（差異）」、「個性」を認めないこと、つまりその不承認ゆえに、そこから起こるものであり、したがって、「違い（差異）」、

45

「個性」を認めること、すなわちその承認こそが、「不平等」や「不公正」や「差別」が生まれにくい状況をつくる前提となるだろう。この、「違い（差異）」、「個性」を認めること、その承認をこそ「区別」と表現し、そして、その行為を「区別する」と言ってみよう。

そうすれば、世間でよく聞かれる「差別と区別の違いは何か」という問いに対する答えは、「差別は違い（差異）の不承認であり、区別は違い（差異）の承認である」と、極めてわかりやすいものとなる。

6　みんなちがって、それでいい

ニューヨークで多文化教育を実践するための教材を扱っている店に、"Crayola MULTICULTURAL" と書かれたマーカーやクレヨンのセットが販売されていた。少しずつ色合いを変えながら、8色の薄い「はだ色」から濃い「はだ色」のマーカーが並び、また、クレヨンは、肌の色だけではなく、髪の毛や目の色として16色もある。世界には「肌」や「毛髪」や「目」の色がこんなにもあるということを子どもたちに示している。これを受講生たちに見せたところ、意外にも芸術学部の学生たちが驚いた様子を見せる。

とくに、かれらは日本で名づけられている「はだ色」を疑ったことがあまりないようだ。戸惑いの笑いを浮かべる者も多い。しかし、そんなかれらも、実際に絵を描くときには、さまざまな色で「肌」の色を表現しているはずであり、しかもそれは「はだ色」ではない色を混ぜながらつくり出している。つまり、「はだ色」を表現する色がこんなにもたく

第2章　多文化主義と日本

さんあることに、同時に日本における「はだ色」という「単色神話」に、思わず気がついてしまったということだろう。

　ある学生は、「その『はだ色』セットは、差別を意識してつくられたのだろうか。そうだとしたら、素敵だなぁと思った」と言う。わたしなどは、この学生の「素敵」だと思う感性をこそ、素敵だと思う。「そりゃぁ、肌の色なんて十人十色で、もっともっと、もーーーっと種類があっていいはずだ。『はだ色』が一色しかない色鉛筆に比べると、ずっと、心が軽くなった。こういう少しずつの変化がとても大切だと思う。こういう少しのことにひとりひとりが気づいて、変わっていける世界がイイなー」と。多分この学生は、これから出会う人々に対して、少なくとも肌の色や目の色や髪の毛の色が多様であることを「素敵」なことなんだと、言葉だけではなくアートでも伝えていくだろう。

　ちなみに最近では、日本においても、クレヨン、クレパス、色鉛筆、絵の具の中に「はだ色」という命名されたの色は、すべてではないようだが、確実になくなりつつある。

　京都東本願寺や真宗大谷派金沢別院の外壁に、「バラバラでいっしょ」という標語がある。金沢別院のものは、文字の

色まで、黒、赤、青、緑の4色使いでカラフルである。勝手に解釈するなら、「私たちは、みなバラバラである、そして、その上でいっしょなのだ」、ということであろう。

　まさしく、多文化主義の神髄とも言えるかもしれない。多文化主義が批判されるとき、その分離主義的傾向がよく標的とされる。つまり、国家だけではなくさまざまなレベルでの統合を危うくするという批判である。しかし、このきわめてシンプルな標語は、統合の重要性まで視野に入れることを忘れてはいない。

　確かに、「違い（差異）」を強調するあまり、かえって他の「違い（差異）」に対して不寛容になるときがあることも否定できない。

　ずいぶん前になるが、「みんなちがって、みんないい」というフレーズがはやったことがあった。2011年3月11日の震災と原発事故以降、公共広告機構でおなじみになった金子みすゞの詩〈わたしと小鳥とすずと〉が、1996年にはじめて小学校の教科書に載った時のことである。詩の学習を終えたあと、最後の1行であるこのフレーズを、児童たちが障がいを持つ同級生に向かって使うことがあったというのである。このとき、口にした児童たちは必ずしもプラスの意味を込めて言う場合ばかりではなかった。クラスの中の障がいを持つ同級生に対して「お世話」や「気づかい」をしなくてもいい、つまり関わりを避けるための根拠として使われることがあったことを現場教師が証言している。

　だからこそ、「違い（差異）」が、なぜ「平等」、「公平」を保障するのかという学習は大変に重要であろう。つまり、図

−1の点線の意味である。

　受講生たちにこのエピソードを話したところ、自分も同じような経験があるという者が毎年複数いる。そしてある年、学生が、「みんなちがって、みんないい」がそのように「悪用」されるのなら、「みんなちがって、それでいい」とすれば、という提案をしたのである。思わず、なるほどと納得したものである。

　「みんなちがって、それでいい」、つまり、「違い（差異）」をことさらに強調するのではなく、それらが自然にあるのだということを、「それでいい」という表現で的確に伝えている。絶妙な表現である。

　「違い（差異）」を顕在化させることこそ、「平等」、「公平」を保障するのだと書いたが、「違い（差異）」を無理やりに強調し、顕在化させてしまうと、確かに取り扱いに困る「個性」になってしまうこともある。したがって、そこに自然にある「違い（差異）」を承認し合うという態度、つまり「それでいい」というさりげない態度と、承認し合った「違い（差異）」に優劣をつけない態度が重要だと思う。そして、承認し合うということが、「あなたはあなた、わたしはわたし」という独善を意味するのでは決してなく、新たな関係の始まりなのだという認識が重要だ。こうすれば、没関係的な無関心（無視）という態度を回避できるのではないだろうか。

7　「差別をなくす」から「差別を減らす」へ

　オーストラリア社会における差別の取り扱い方、考え方は、「差別のない世界」というよりも「差別の少ない世界」

をつくり出そうとしていることであり、この「世界」の提示は、私たちにとって案外と実感し易いものであるだけに、そうした社会の全体的なイメージを私たちに比較的容易に提供してくれる。

　また、誰しもが経験することだろうが、差別を「なくす」という目標の困難さを前に途方に暮れることは多い。その結果、「どうすれば差別やいじめはなくなるの？」という素朴な疑問を、学校では教師に、あるいは差別問題の専門家に投げかける。問うた側も、経験的に簡単に答が得られることはないだろうと、うすうすは感じている。こうしたジレンマはわたしも経験があるし、問いを投げかけられる側になることもある。

　わたしはこうした場合、「差別やいじめは、それをする人がいなくなればなくなる」と、まずは言うようにしている。これが現実的な問題解決にならないことは十分に承知しているが、「なくす」ためには、それを「する」側にそのほとんどのイニシアティブがあることを理解してもらいたい。間違っても、「される」側の努力や変身があればなくなるというメッセージを受け取ってもらいたくないし、発信して欲しくはない。差別やいじめをなくすためには、それを「する」側の努力や変身こそが必須であることを、まずは理解してもらいたいのである。時に大学生から、「目からうろこでした」と聞くことがあるが、案外、この素朴な問いに対する素朴な答えは、小学生ぐらいの年齢の胸中にこそ響くのかもしれない。

　そう考えれば、「する」側にとって、差別を「なくす」の

ではなく、差別を「減らす」という目標は、その可能性を感じることができそうである。別の言い方をすれば、誰しも心のどこかに抱いている「そう簡単には差別はなくならないかもしれない」という予感に絶望するのではなく、「もしかすれば差別はなくなるかもしれない」という希望を持つことができるということである。

　前述したように「差別してはいけません」という道徳的、倫理的規範や、「差別はなくさなければなりません」、「差別問題の解決は重要な国民的課題です」といった努力目標的スローガンは、誰もが反論することができない、いわば正義である。したがって、一度「それはそうだ」と確認し承認すればいいのであって、それを何度もくり返し言っても、決してそうなるわけではない。無為や困難さを実感するのは、そんなときである。

　但し、この正義さえ口にしておけば、とりあえずは誰からも批判されることはないから、場合によっては、教育現場がそうであるようにくりかえし唱えられることになる。しかし、そこでは、差別を自らのものとして捉える視点を置きざりにしてしまう可能性が大きい。前に紹介した感想にあるように、日本の学校教育における人権教育の「正解」がここに求められてしまっているという状況は、決して放置されていいものではないだろう。

　学校における人権教育の定番は、ビデオ鑑賞、映画鑑賞、講演会である。多くの場合それらは、「差別される側」への視線を促しながら、つまり、差別されることのつらさや悲惨さを基調に行われているようだ。この有無を言わさぬ「差別

現実」の提示が、実生活の中ではこうしたものにあまり出会うことがない子どもたちの身を固くさせてしまうのは想像し難いことではない。とくに、「差別なんかしたことはない」と思い込んでいる者が多い現状では、頭の中は疑問符だらけに違いない。

まして、最近では、被差別部落出身者や在日朝鮮・韓国人であっても、差別された経験を持たないという者が以前に比べて増えている。もちろん、認識していないということであって、客観的には差別に当たることは多いのかもしれないが、経験がないと思っている点では、若者一般が持つ認識不足や経験の少なさと共通する現代社会の特徴であろう。そうした者たちが、学校教育の中で差別の現実を突きつけられたとき、どのようなことを思ってしまうだろうか。

現実だと言われれば、にわかに信じ難くても、「許せない」と憤慨しながらも、そんな自分の気持ちのどこかで「かわいそう」と「同情」し、「自分でなくてよかった」と胸をなでおろす。しかし、このひそかに感じていることが、教師の側から「同情は差別につながる」、「同情することは差別していることと同じだ」と言われれば、多くの場合、なぜ「同情」が差別なのかについて十分には理解はされないまま、自分の内側に感情を飲み込んでしまうしかない、そんな状況が生まれることになる。

また、「自分でなくてよかった」という感情は、被差別の立場を自分の外側に固定化することによって、差別の現実から自分を遠ざけるという機能を果たす。つまり現実を学んでいるはずなのに、現実をタニンゴト化、虚構化していると言

える。こういう状況になった場合、とりあえず子どもたちが、この居心地の悪い不安定な感情から逃れる方法としては、「やっぱり差別はいけないと思う」、「やはり差別はなくさねばならない」という、「正義の規範」とでも名づけられるものの中に逃げ込むことしかないだろう。振りだしに戻ってしまう。そしてそれは、そこに立ち会う教師にとっても同様であるに違いない。

　つまり、こういった状況に欠けているものは、「差別をすることへの視線」である。あるいは「差別をすることからの視線」と言ってもいい。これらの視線の欠如は、目の前の差別の現実がなぜ起こっているのかということを不問にしてしまう。差別を引き起こしている存在やしくみに対する視線が不在になるということである。子どもたち自身が、自らも差別を引き起こす存在だからこそ差別の現実があるのだということ、それに対する想像力を働かせることができなくなってしまう。

　いじめを経験したある学生は、そのいじめを「つらかったが学校を休むほどのことはなかった」が、ある時、教師が副教材である『にんげん』を使って、「差別は相手にとってものすごくつらいことなんやでと」言った時、思わず心の中で「先生、もっと強く言って」、「うちも今つらいねんけど」、「同情でもいいから助けて欲しい」とつぶやいたという。私たちは「同情からは何も生まれない」などと言って、同情という感情を安易に否定してしまってよいものなのか。もし、「同情」ということばが手垢にまみれているというのなら、それを「共感」と言い換えればどうなるだろうか。

一方で、「差別なんか教えるから差別がなくならないのだ」、「同和教育を受けてから、妙に意識するようになった」、「(部落のことを) 知らないままでいた方がよかったと思う。なぜなら知ってしまうと差別してしまうかもわからないから」、「差別を知らない人が増えれば差別はなくなるのではないか」、こういった発言や感想を聞くことはさほど珍しいことではない。

　近年、部落差別が見えにくくなっていることは確かであろう。そしてその傾向が進むほどに、こうした発言は説得力を増してくる。とくに現在の若い人たちの多くが、部落や部落差別を知らないことは、一般的とさえ言えるからである。

　ただ、こうした傾向は、部落差別に特徴的な傾向であることも忘れられてはならない。つまり、このような発言、感想が部落差別に関するものとしては承認できる点があるとしても、現在増えつつある他の差別事象へも、何の手続きもなく適用されていくことは問題である。なぜなら、種々の差別事象に対しても、それに関して知ることがなかったなら、そのうちなくなっていくだろうという、現実をないことにしてしまう忌避的態度を身につけてしまうからである。

　教育することを職業としている身からすれば、教育そのものの否定につながるような、無力感をもたらす主張である。しかし、大学へ来るまで、学習時間の長短はあっても、差別問題を考えてきたはずの者たちからでてくる発言だということに意識を戻すなら、一体なぜという疑問は今でも消えることはない。

　また、学生たちのいわば素朴な感想とは異なり、「部落差

別は時間とともになくなるだろう」と意図的に主張する人々もいることからすれば、この疑問に対する解の探求と正当性を主張することも簡単ではないだろう。しかし、これを何とかしない限り、少なくとも学校教育における人権教育の効果は、相当に割り引かれてしまう。

　そこで、一体なぜという疑問を、「差別語」をめぐる議論を参考にしながら考えていきたい。

Column 2

自尊心・優越感再考

　自尊心とは、自分自身の尊厳を意識・主張し、他者の干渉を排除することであるとは、他者とは無関係に自分の心情のみをプラスにしていくことだと理解できた。しかし、他者の干渉を排除しようとする心理なのに、「自尊心が傷つけられる」と言うのはなぜか。他者から見たとき、他者の干渉を排除しようとするあまり、その差異が「ねたみ」として取られ、他者から攻撃されるのかと思う。逆に考えると、「優越感が傷つけられる」ということは聞かない。

　自分が成し遂げた何かによって得た自尊心が、その行為に対して他者から注目され、評価されることによって、いつの間にか、自分という人間がすごい人になったかのような感覚になってしまう。つまり、ここから優越感に移り変わっていく可能性を時々感じることがある。

　いずれも、学生のコメントである。前者は、「自尊心が傷つく」とはどういうことなのかという疑問である。確かに、他者とは無関係に生じる感情なのに、一体何から傷つけられるというのだろうか。学生が言うように、そこに存在している「差異」が、他者にとっては「ねたみ」の対象になることは大いにあり得るだろう。その時、自尊心を抱く側からすれば、それは「心外」だと思うが故に、「傷つけられた」と感じてしまうのかもしれない。いくら、他者の干渉を排除しようとしても、他者との関係まで排除できない訳だから、「ねたみ」や「心外」と言った予想外の感情は生じてしまうだろう。仙人のような完全な孤高を保つことは難しい。

　後者は、「自尊心」は他者から注目されたり評価されたりす

ることがあり、その結果、容易に「優越感」に変化してしまう可能性の指摘である。これまた、「自尊心」を持つ者でも、通常完全な孤高にあるわけではないから、「自尊心」の源である「差異」がどうしても他者から注目されてしまう。その結果、前者の場合とは逆に、「傷つく」のではなく、変化してそれが「優越感」になってしまうということである。

　このように、「自尊心」を持つことは、他者との関係を極力薄くした上で成立するものなのかもしれない。そうすると、社会的な存在である私たちは、「自尊心」を持ち続けることがかなり難しいのかと思ってしまう。そうなのかもしれない。「自尊心」というのは、もしかすれば、その瞬間しか存在しない、そんなものなのかもしれない。自らを見つめるという行為が「自尊心」につながるとすれば、その瞬間は確かに他者との関係は脳裏にはないだろうから。

第3章

差別問題を考えるということ

1 「差別語」は差別するか

　最初から、ある対象を差別するためにつくられたことばがある。部落や障がい者に対して使われる賤視語や蔑視語の多くはそうであり、世界的に見てもそうした差別することを目的としたことばは多い。そうしたことばは、その使用はもちろん、ことば自体をこの世から抹殺すべきだという議論もある。歴史の価値を認める者のはしくれとしては、ことばを抹殺してしまうことにはためらいがある。他の歴史的事物と同じように、丁寧な解説をつけた上で、「言語博物館」か「差別語博物館」なるものを創設し、恥ずべき人類の遺産としてそこへ陳列されたらいい。

　このような差別語とはいささか異なる「差別語」も存在する。それらはほんらい差別することを意図してあったものではないが、使用される場面では、明らかに差別の意図を見ることができるというものである。ここで重要なことは、そのことばが何の脈絡もなくそこにあった場合は、決して差別の意図を見ることができないという点である。そのことばは、ある文脈の中ではじめて「差別語」になる。それはその文脈

第3章　差別問題を考えるということ

の作り手、あるいは使用者が、そのことばに差別する意図と意味を付与した場合である。したがって、こうしたことばの場合は、その時はじめて「差別語」として登場し、認知され、批判にさらされるということになる。

　このようにして、あることばが差別的に使用されたという行状によって、差別的ではない使用例があるにもかかわらず、その存在自体が抹殺されかねない危機に直面することになる。そのことばの身に成りかわって言えば、生存の危機である。

　ことばは、使用されてこそ生きるものであるし、人に影響を与えもする。差別的に使用されたことばは、そのことば自体に罪がないのは確かだとしても、生かされた結果として差別をすることになったことも事実である。そして残念ながら、ことばのそうした使用例の方が、世間では注目されることになり、その結果、与える影響は大きく、それゆえに存在が永らえるという悪循環に陥ることも少なくない。したがって、歴史としての記録が残されるなら、差別的使用を根拠に、そのことばがこの世から抹殺されても仕方がないのかもと思う。

　個人的には、そうした使用が広く見られる場合には、あっさりとそのことばを使わないという選択をするようにしている。決して語彙が豊富とは言わないわたしの辞書の中でも、何かしらの代わりのことばは見つかる。だから、「ことば狩り」といった議論にもあまり関心はない。ことばは、時代の中で生まれ、そして逝くのが常であろう。

　また、ふだん差別などとは関係なく使用されていることば

も、ことと場合によっては、いとも簡単に「差別語」になってしまう場合がある。それは、差別・侮蔑の意図を持って使用することによって、まったく「差別語」らしくないことばでも「差別語」になってしまうということである。

　例えば、「賢い」とか「正直」ということばを、それなりに侮蔑的な発声やイントネーションで使用すれば、相手にその「差別的」意図は十分に伝わる。あるいは、関西と関東では、「アホ」と「バカ」ということばに対する感情が異なるというのは有名な話であるが、関西でも「アホ」ということばを「差別語」として使用することは、口調しだいでは意外に簡単であることを経験した人は多いだろう。

　以上のような「差別語」の議論から何を学ぶことができるのだろうか。

　私たちは差別を考えるとき、それぞれに「差別である」ことと「差別ではない」ことを分けるさまざまな境界をつくっている。「差別語」の場合は、あることばが差別を意図してつくられたかどうか、あるいは、差別的に使用されたかどうかというところで境界が引かれる。

　いずれにしても、あることばとことばのあいだに境界線が引かれる。そして、あることばは使用を禁じられ、もしかすると歴史上から抹殺されるかもしれない。しかし、あたりまえの話であるが、差別を意図してつくられたものであっても、そのような意図で使用されたものであっても、ことばそれ自体には罪はない。ここに、境界をつくる者の身勝手さを見てしまう。つまり、「差別語」に即して言えば、差別という現象は、その意図を持つ人間が生成するものであり、「差

別語」自体が差別をする主体では決してないのである。

2 「行為」と「非行為」

　ことばとことばのあいだに境界を引くということ自体が、そうした線引きの前提となっているある「行為」を見えにくくしてしまっている。そのある「行為」というのは、「差別行為」のことである。ここで言う「差別行為」とは、先に述べたオーストラリアの「人種的憎悪禁止法」に依るならば、ことばを使用するさまざまな表現も含まれる。もちろん、ことばだけではなく、表現の手段となるものにも例外はない。

　法律条文では「差別行為」が "attitudinal discrimination" と表記されているが、そこには「態度による差別」といったニュアンスがある。ここで言う「態度」とは、「身体の表情・身体の表現」を指すものであるから、「差別語」のようなことば単独では、それを「態度」と言うことはできず、人がそのことばを発してはじめて、それが「態度」になると考えればわかりやすい。

　つまり、ことばは、使用がともなってはじめて「行為」になるのであり、あることばを差別の意図を持ちつつ使用することは、「差別行為」そのものだということである。したがって、「差別語」をめぐる議論の中で、もし境界線を引くのだとしたら、それは「行為」と「非行為」とのあいだに設定されるべきである。この「非行為」とは、本書で使用する場合、「行為をしない」、「行為を踏みとどまる」ことと定義する。

あることばが、差別的ではない使用が常であったのに、差別的に使用されてしまったとしよう。そうした場合、まず、そうした使用をした人に対して批判が向けられる。多くの場合、その人は「差別するつもり（意図）はなかった」と主張するだろう。あるいは、「文脈上の必要があって使用したのだ」と言うかもしれない。

　しかし、後述するように、差別的な使用だという主張が起こるのは、現にその表現によって差別をされたと感じる人が存在しているからに他ならない。したがって、ひとまずは、そこに「行為」としての差別があったと「認定」されなければならない。なぜなら、「認定」されないままの「現実」が継続することによって、さらに深刻な差別的状況になることが多いからである。

　ところが、「差別するつもり（意図）はなかった」という主張と「差別された」という主張が簡単にはかみ合わないことも、私たちはすでに承知している。にもかかわらず、その議論が続行される場合、それがいわゆる水掛け論という、ただ虚しく、いたずらに時間と体力を消耗させるだけの議論になる。そこで、この「差別するつもり（意図）はなかった」ということについて、「差別語」との関連から考えてみる。

　「つもり（意図）がなかった」というのは、使用した側には責任がないという主張につながる。では、その責任はどこにあるのか。

　そこで無理矢理登場させられるのが、差別をする主体の役割を与えられたという点で擬人化された「差別語」である。あたかも、この「差別語」自体が何かしらの意図を持って差

別をしたかのように、巧妙に話がすり替えられていく。つまり、その「差別語」に責任を負わせ、そして、その責任によって罪を確定し、一件落着をはかろうというプランがそこには存在している。

　こうしたやり方が、日本社会の中で一般的であるのは、「差別語言い換え集」などといったものが関係者の必須アイテムになっていることからもわかる。もちろん、差別的な表現を批判された書籍を絶版にしてしまうといった「解決法」も、このやり方の延長線上にあると言える。

　「差別語」にしても、「差別書」にしても、それを廃棄してしまえばいいというのは、「差別落書き」はそれを消せば一件落着という、「書いたこと」や「書いた者」を不問にしてしまう、あまりにお気楽なやり方である。ここに、日本における「差別行為」に対する考え方のベースがある。「差別行為」を問う姿勢があまりに希薄であると言わざるを得ない。

　そればかりか、言い換えや絶版に至る以前に、指摘があった段階で、「そんなことばかり言われたら、これから先何も言うことができないではないか」といった「反論」をよく耳にする。

　こうした的はずれな主張がでてくるのは、あることばの使用による「差別行為」について、行為の主体をすり替えることがよく行われ、本来の主体（使用者）の存在が曖昧になっているからである。つまり、その「差別行為」によって生じた事態に対する関心を「差別語」を登場させながら巧妙にずらしているのである。そうなれば、「批判」されたことを逆に「批判する」という「逆差別論」が登場するチャンスが生

まれる。その時、そのことばを使用した者の主体や、それにともなう責任といったことは、すでに議論の対象ではなくなっている。こうして「行為者」の責任不在状況が完成してしまう。そして、あたかも、もの言わぬ「ことば」にこそ責任があったのだという結論になることもしばしばである。

3 「意識」のやっかいさ

つぎに、「差別するつもり（意図）」について考えてみる。

先に述べた事例の場合、ひとまず「差別するつもり（意図）はなかった」としても、現実には「差別行為」であると感じた人がいたことだけは確認できる。しかし、「差別行為」であるとの指摘を受けたその人は、その「差別行為」に対して、「差別するつもり（意図）はなかった」ことを根拠に「差別ではない」と主張することがよくある。わかりやすく言えば、「差別するつもり（意図）はなかった」のだから、「差別行為にはならない」という論理である。

さて、学校における人権教育の中で、多くの児童・生徒たちが感じていることがある。大学生になってその感じていることを、「差別意識を持つことは差別なんですか？」と「おずおずと」聞いてくる。「おずおずと」とは、かれらが、自らの中に抱え込んでしまっている「差別意識」の処理に悩んでいると想像するわたしの感覚である。

この悩みは容易には解決できない。だから多くの場合、そうしたことを考えることを封印したままで、「差別意識を持つことは、すなわち差別である」という、学校人権教育における教えを内面化しながら大学にやってくる。教師によるこ

の教えは、真面目な児童・生徒であればあるほどに、疑問は感じつつも、一応は正しいと考えなければならないものなのである。これが、よく「差別意識」＝「差別行為」と表現されるものであるが、しかし、これは見過ごすことのできない問題性を孕んでいる。

　確かに、内心で「嫌なやつだ」、「死んでしまえ」、「殺してやりたい」などと「差別意識」に直結するような呪いのことばを想うことはよくある。文字に表現してしまえば、意外におなじみのことばたちではあるが、自らの内面に潜んでいる意識は、時としてその対処に困惑してしまうほどの悪しき存在感を持つ。わたし自身もここに書くことができないほどの対処し難い意識を持っている。

　しかし、重要なことは、こうしたことばがある個人を対象に「差別行為」に転じることは多くはないという点である。なぜなら、そうして行為に至った場合、差別者は匿名性を確保できないため、その行為自体が大きなリスクを負うことになるからである。そんなリスクを負いながら「差別行為」に至る人は少ない。したがって、「差別行為」に変容するためには、それぞれのことばが特定の属性、例えば、「被差別部落」や「障がい者」や「外国人」、あるいは「女性」などといった属性に拡大適用される必要がある。

　そして、呪いのことばの対象が不特定多数に拡大することよって、差別対象の輪郭が抽象的になり、その結果「差別行為」に変容しやすくなる。なぜなら、対象が不鮮明になることによって、差別された側の「差別行為」に対する効果的な反応が遅れ、そのあいだに行為者は匿名性の陰に身を潜める

ことができるからである。

　この匿名性を巧妙に利用した「差別行為」については、最近のネット社会の拡がりがさらにそれを容易にしている。さまざまなサイトにおける勝手気ままな罵詈雑言の氾濫を理解するカギは、罵詈雑言の対象が不特定多数であることと自らの匿名性にあるだろう。

　こうした状況からは、ややもすれば「差別意識」とは「行為」の前提となる「意識」であり、すなわちそれは「差別行為」なのだという図式が成り立つように感じられるかもしれない。しかし、私たちは、実際には、「意識」と「行為」とのあいだに多くの時間やプロセスが存在していることを知っている。だから「意識」が「行為」に直結することは多くない。

　ただ、「差別意識」と「差別行為」の関係を表すときには、学校でそうであるように、なぜか、あいだの時間やプロセスを省略して「差別意識」＝「差別行為」としてしまいがちである。この簡潔で一見分かりやすい表現は、あいだに時間やプロセスが存在するからこそ、多くの場合、結果的に、「差別行為」には至っていないのだという重要な事実を見逃してしまう。この時間の中で考え悩み、その結果「非行為」、すなわち「行為をしない」、「行為を踏みとどまる」という結論に至ったプロセスこそ、私たちを差別をしない存在へと鍛えあげてくれるのである。したがって、「差別意識」＝「差別行為」という決めつけは、そのあいだの時間やプロセスの存在を無視し、さらにタブー視するという思考停止状態を引き起こす、いわば知的後退を招く。

4　論理的錯誤

このように考えれば、「差別意識を持つことは、すなわち差別である」(「差別意識を持つ者は、すなわち差別者である」)という教えは必ずしも正しくない、という重大な結論が導かれる。

わかりやすくするために、この命題と対偶関係にある、「差別をしない者は、差別意識を持たない」について考えてみればいい。おそらく現実世界には「差別意識を持たない」者などいないだろうから、「差別をしない者」もいないということになり、きわめて非現実的な状況を言い表しているに過ぎないことが理解される。

したがって、私たちは、論理学を持ち出すまでもなく、「差別をしない者は、差別意識を持たない」という論理も全面的に認めるわけにはいかない。つまり、どちらの教えも論理も正しくはない。すなわち、「差別意識」＝「差別行為」というのは誤りなのである。

しかしこのことは、あいだの時間やプロセスを経験している私たちにとってはさほど違和感のあることではない。現実にはわたしも含め「差別意識」を持つ者は多いが、だからといって世界が「差別(者)」だらけだというわけではないからである。だから、私たちは、「差別意識を持つ者が、必ずしも差別者ではない」と考えてみることが重要なのである。

では、「差別意識を持つことは、すなわち差別である」という命題の裏の関係に当たる「差別意識がなかった(差別するつもりはなかった)ら、差別行為にはならない」という論

理、この違いは何なのか、そして、それは何を意味しているのだろう。

　どちらの論理も現実の差別状況を説明できないし、その解消も期待できない、「差別をなくしたい」という素朴な願いを無残にも踏みにじる考え方ではないだろうか。なぜなら、「差別意識がなかった（差別するつもりはなかった）ら、差別行為にはならない」というのは、「差別意識」、すなわち「差別するつもり（意図）」がないことが、「差別ではない」という判断の基準になっているからである。もちろんことばの厳密な意味から言えば、「意識」と「つもり（意図）」とは異なるだろうが、「差別するつもり（意図）はなかった」という表現は、「そんな意識はなかった」という言いのがれの別の表現に過ぎない。

　こう考えるなら、誤りである「差別意識を持つことは、すなわち差別である」という論理が、「差別するつもり（意図）がなかったから、差別行為にはならない」という「言い逃れ」の論理を生み出していることがよくわかる。ところが、同じ内容の異なる表現だとは言っても、人がどちらの言説に囚われているのかによる違いは大きい。

　それを考えるために、「差別である」ことを「差別するつもり（意図）」や「差別意識」の有無によって判定するのではなく、「差別行為」の有無によって判定することを試みてみよう。

　つまり、「差別であると感じる人」がいる事態を生じさせたという現実に対して、「差別の意図がなかったから、差別行為にはならない」というのは、その現実を何ら説明したこ

第3章　差別問題を考えるということ

とにはならず、「差別するつもり（意図）や差別意識があろうがなかろうが、差別行為は存在した」と説明する他はないだろう。現実をなかったことにすることはできないのである。

一方、「差別意識を持つことは、すなわち差別である」という表現は、そもそも「差別行為」そのものが存在しているかどうかは不明なのであるから、「差別意識」が「差別行為」と直結するわけではなく、「差別である」かどうかは誰にも判定できない。実際は、前記したように、「意識」と「行為」とのあいだには一定の距離があるものである。すなわち、「差別意識や差別の意図を持つことが、すなわち差別行為となるとは限らない」という表現の方が、現実的であり納得しやすい。

以上をわかりやすくまとめれば、つぎのようになる。

【意識】を基準
①差別の意図（意識）はなかったから差別ではない
　→差別の現実を否定するため差別は減らない
②差別の意図（意識）を持つことは差別である
　→人に差別問題を忌避させる
【行為】を基準
③差別の意図（意識）はなかったが差別行為はあった
　→差別の現実を認めるため差別は減るかもしれない
④差別の意図（意識）はあったが差別行為はなかった
　→現実では私たちの多くがそうである

①は、現実に存在する差別を否定する論理として使われることが多いので、差別はなくならないし、減りもしないだろう。世間では居直りの代表的ロジックとしてよく見聞きする。

　②は、①の論理の裏であり、これも学校現場などでよく耳にするものである。これは結果的に人に差別問題からの忌避的態度を取らせてしまうので、差別がなくなる可能性も減る可能性も極めて低い。人間の「醜さ」を直視しない典型的な逃避的態度を助長する。

　③は、不承不承であっても差別の存在を認める。その後の展開によっては差別は減るかもしれない。進退窮まる前にこうなれば、まだ救いはある。

　④は、世間の多くの人たちの現実を説明する論理である。これが、③に移行するには相応のハードルが存在する。しかし、②との関係で内心がスッキリとはしない人は多い。

5　「意識」の囚われからの解放

　このように考えれば、「差別を思ってしまったり、考えてしまうことは仕方ない。けれど、態度に出してはいけないと思う」と感想に書いたばかりに、教師から「思うこと、考えること自体がいけない。人間として問題がある」と断じられ、その結果、自らの中の「差別意識」を直視できなくなった人も、「差別意識を持つことは、すなわち差別である」という囚われから、ある程度自由になれるだろう。

　「差別意識」を持っていない人などいるわけがない。しかし、持っている人がすべて「差別行為」をするわけでもな

い。「差別意識」を持っていることと向き合いながらも、「差別行為」と無縁な人は多いはずである。おそらくそういった人の方が多いのが現実だろう。したがって、問題は、その「差別意識」が行為として顕現するのかどうかにある。その意味で、先にあげた「差別の意図(意識)はなかったから差別ではない」、「差別の意図(意識)を持つことは差別である」という二つの論理は、いずれも誤っている。

ただ実際問題としては、差別の現実として眼前に立ち現れて、甚大な問題を生じさせるのは、「差別の意図(意識)はなかったから差別ではない」という論理によって正当化される「差別行為」である。これに対しては厳しい批判が必要であることは言うまでもない。

例えば、「差別行為」をしてしまったとしよう。この場合、「行為」があったことと「差別の意図」や「差別意識」は関係がないことはすでに述べた。だから、私たちは、「差別の意図(意識)はなかったから差別ではない」と言うのではなく、まずはその場で「申し訳なかった」と謝るほかはない。この謝罪があるかどうかで、その後の責任の取り方が変わってくる。謝罪があれば、その責任の取りようは、「二度とそうした行為をしない」という表明だけで済む場合が多い。謝罪をためらったり、正当化するために「差別語」に責任を転嫁するようなことになれば、話はこじれてしまうだろう。これに似たようなことは、誰しも経験していると思う。

本書で「行為」と「意識」を分けて考えようというのは、そういうことである。つまり、「差別意識」を内面に抱え込んでいる私たちが、どうすればその意識から解放されるかと

いう問題は、「差別行為」と切り離して考えるべき別の問題なのである。とりあえずは、「差別意識」を持っていることに自覚的な人々が、差別の問題を考えることから忌避しなくてもいいような、境界の引き方が必要である。このように考えてみれば、「意識」と「行為」のあいだの時間やプロセスを経験する意味を考えてみるのも無駄ではない。

　私たちは少なからず「差別意識」を持っているのだから、そのことと向き合い、「無意識だった」、「知らなかった」、「意図はなかった」などといった言い訳や正当化をまずやめることが肝要である。きわめて単純なことだが、言い訳や正当化をやめるということは、その言い訳や正当化が生じるもとになった行為の誤りを認めることにつながるので、その場合「差別行為」は、確実にいくらかは減るだろう。

　その減り量をさらに増すためには、先に述べたように「考えること」、「知ること」が重要なのだが、現実には、その足を引っぱる状況もある。

　よく、「四六時中差別のことばかり考えていて、疲れませんか」と聞かれることがある。多分そう問うた人は、わたしがいつでも「差別はいけない」、「差別をなくさねば」と考えていて、きっとしんどいに違いないと思っているのだろう。しかし、前記したように「差別はいけない」、「差別をなくさねば」というような、いわば正義や道徳規範については、一度承知すればそれいいのであって、時間を使ってあれこれ考えるようなことではないと思っている。だから、人が思うほど疲れることはない。

　実はこの「差別はいけない」というのは、差別を倫理的に

第3章　差別問題を考えるということ

も道徳的にも社会が禁止しているということを言い表している。あまりにも正し過ぎて、つい、「差別」について「考えること」や「知ること」など、その必要はないような気になってしまう。これが、差別問題の「タニンゴト」化を招く一因となっている。

　つまり、この「正しさ」こそが、差別問題からの忌避的態度を広く形成し、言い換えれば、差別問題を、一部「玄人」の専門領域化してしまう。そう考えれば、「玄人」ではない私たちが考えたり知ろうとしないで、すなわち「無意識」という領域に逃げ込みがちであることも理解できる。「考えること」、「知ること」はなかなか手強いのである。

　したがって、はじめから「差別はいけない」と言うのではなく、まずは、「差別はきらいだ、いやだ」という、感覚、感情面の主張からスタートしてみることが必要だろう。当然つぎの段階では、だからこそ「差別はしない」という、個人的行為の禁止に進むことになる。このことを、道徳規範に対して、自らに課す行為規範と呼んでもいい。こうすることによって、差別問題をいわば、「ジブンゴト」化することになる。そして、この「ジブンゴト」化のためには、先に述べた「意識」と「行為」のあいだの時間やプロセスが重要になる。

　つまり、なぜ「差別行為」に至ってしまうか、今世界ではどのような「差別行為」があるのか、これまで私たちはどのような「差別行為」を経験してきたのかなどを知識として獲得すること、そうすれば、そうした知識をもとに、自分が「差別行為」に至らないためにはどうしたらいいのかという、自らの行為規範をつくりあげることができる。

肝心なことは、自らの行為規範に従えば、確実に差別を減らすことができるという実感である。差別がなくなるという状態は、あくまでも減った結果によって生じることであると、常に認識しておく必要がある。

6　差別を意識する

　つぎに、「差別を意識する」ことについて考えてみる。

　というのは、よく耳にする、「変に意識してしまう」ということばが気にかかるからである。「知らなかったら差別はしない」という表現は、逆に言えば、「知ったら差別する」あるいは「知ってしまったから差別をした」という表現を生み出すことになる。したがって、知る前の「無意識だった」、あるいは、事前に「意識しないようにしている」といった処世の術に逃げ込んでしまう。

　「無意識だった」というのは、先に述べた「差別の意図がなかった」という「差別行為」に対する正当化よりもナイーブである。というのは、自らが「意図」を云々する以前の状態に、つまり、「無知」なのだというところに逃げ込もうとしているからである。

　それがより意図的に表現されるのが、「意識しないようにしている」というフレーズである。「在日とか日本人とかを意識しないでつき合いたい」、「障がいのあるなしを意識しないで」などとして使われる表現である。マイノリティの側にとっては、そのマイノリティ性が「意識」されないで済まされてしまうことが、それがどれほどの善意に満ちていようと困惑をもたらす場合が多く、そうしたことに対する想像力が

欠如した表現であることは言うまでもない。

　つまり、ここには、「知る」ということがキーワードとしてある。「変に意識する」とは、「中途半端に知る」と言い換えてもいい。「中途半端な知識」がよくないということに関してはその通りだと思われるが、これまでの人権教育において、十分に納得するまでの時間と機会が与えられず、そのために一知半解な知識を持つことによって、つい差別的なふるまいに至ってしまったというストーリーは、私たちを妙に納得させるものである。しかし、それでもなお、そうだとしても、「変に意識」した結果、なぜ差別的ふるまいに至ったのかという理由の解明には不十分である。

　したがって、この場合の「変に意識する」の「変に」というのは、「きちんと」ではなく、「中途半端」に知ってしまったことに対する反省ではなく、「意識」すること自体を否定する、すなわち「知ること」自体を否定するために編み出された表現であると考える方が、正解のような気がする。結果的に「知らなければ差別なんかしなかった」という稚拙なことになりかねないこうした自己語りは、愚民的な政治に自ら進んで道を開くということと連続していると思われるので、放置するわけにはいかない。

　そこで、「差別を意識すること」と「差別意識」とを厳密に分けて考えてみよう。前者の「差別を意識すること」とは、いわば「意識的に差別を知ろうとすること」である。もちろん「中途半端」にではなく、「きちんと知る」ということである。つまり、「差別を意識すること」は、「差別意識」を持つことではなく、私たちの内面にある「差別意識」を

「差別行為」に変容させないための方法なのである。

　差別の対象となる側（マイノリティ）から、「実は、わたしは……」といった「告白」をされた経験を持つ者は多い。あるいは、社会一般にカミングアウトという行為が注目を集めている。いずれも、そこには「ちゃんとわたしを知って欲しい」というメッセージが込められている。「きちんと知る」ことの意味の重大さがここにある。

7　「差別行為」の判定

　次に、ある「行為」が「差別行為」に当たるのかどうか、それをどのように判定するのか、という点を考えてみたい。

　差別行為の認定は、ほんらい行為主体の認識に依ることが望ましいと考えられるが、行為者が認定を否定する場合、被行為者の認識とその訴えに依ることにならざるを得ない。その場合は、「差別意識があろうとなかろうと、差別だと感じる人がいるなら、それは差別である」ということになる。

　わたしは差別であるか否かについて判断するとき、とりあえずこの考え方を基準にする。しかし、この言い方には、なにがしかの納得しがたさもある。それは、本当にそのようなつもりはなかった場合もあるかもしれないし、必要以上に、あるいは過剰に差別だと主張する人も現実にはいるではないか、という想いから生じる。それは、「何でも差別だ、差別だと言いだしたらどうしたらいいのか。しゃべることが怖くなるし、何も口に出せなくなるではないか」というもの言いにも表れている。この気持ちは、敢えて口に出すことはなくても心の中のつぶやきとして誰しも持っているのではないだ

ろうか。

　だが、この気持ちは何とも居心地が悪い。なぜなら、このつぶやきの代わりになる基準を思いつかないからであるし、逆に自分が「差別だと感じる」立場になったときには、相手の「もう何も言えない」などという言い訳を、「何言うてんねん」ときっぱりと否定してしまう自分を想像できるからである。

　だから、「差別だと感じる」と言うとき、この「感じる」状況がどのようなときなのか、よく考えてみる必要がある。

　自分とまったく関わりがない状況の中で、例えば、たまたま電車に乗り合わせているようなとき、近くの人の仕草やおしゃべりの中で「差別だと感じる」ことがあったとしよう。このような場合は、「感じた」のは事実だとしても、それを「差別だ」と指摘することはあまりない。気分としては、不愉快な気持ちになるかもしれないし、指摘できない自分に対して腹立たしいかもしれない。しかし、たまたま電車を乗り合わせただけであるような場合は、こんなものではないだろうか。なぜなら、少し冷静になれば、知らず知らずに、自分もだれかに「差別だと感じ」させるようなことを言ったりしたりしているかもしれないという想いがよぎるからだ。

　また、まったく関係のない人に面と向かって何の脈絡もなく、いきなり「差別だ」と取られかねないことを言われることはほとんどないだろうし、まして言うことはまずない。少なくともわたしはそう心がけている。

　つまり、「差別だと感じる」ことが、「差別である」という指摘に至るのは、自身と相手とのあいだに、そういったこと

を言える何らかの関係が存在する場合なのではないか、言い換えれば、関係がある相手だからこそ起こることなのではないだろうか。

　そうであれば、「何も言えなくなる」といった一種の「強迫」とも取れる表現はどう考えたらいいのだろう。「何も言えない」と、「親しい」と思っている人に言われたとしよう。その時どんな感じがするだろう。ふと、その相手に、あるいはその関係に疑問は生じないだろうか。

　思ったことを口にする「自由」はある。口にされたことに「コメント」する自由もある。そこまではいい。「親しい」関係というのは、そうしたやり取りの中で、今後は口にしないと決めることができるようなもののはずである。これが「非行為」である。「何も言えない」ということばは、こうしたコミュニケーションを否定する。

　実際には、このコミュニケーションが、その場の雰囲気を多少ぎくしゃくさせるかもしれないが、あるいは何となく決まり悪かったとしても、心の中では「反省」しているものである。現実はそんなものだろう。なぜなら相手との関係性を大切にしたいと一応は思っているからである。逆に、つい「突っぱって」しまったり「居直って」しまったりすると、悔いても悔やみきれないものになることを、大方私たちはどこかで経験している。

　そうだとすれば、「何もできない、何も言えない」と言ってしまうことは、もしかすれば、言った本人が関係を切ることを望んでいるからかもしれないし、言われた方も、疑問を持ちつつも、「だったら仕方がない」と思わざるを得ないの

第3章　差別問題を考えるということ

ではないか、つまり、その「関係」は潮時にあるのかもしれない。別れというのは、往々にしてそのように起こるものである。早晩関係は切れるのだろうから、その時は、せいぜい、それ以上のトラブルは避けようとするのが、「大人」の態度である。

　しかし、こんなことがそう頻繁に起こるとも思えない。もし、こうしたことがよく起こるという人は、自らの「差別心」との向き合い方が少々不足しているのかもしれないから、口にするより先に一旦立ち止まって、自分のことを今一度振り返ってみることも必要である。

　また、当然のことだが、私たちは「感じさせる」側に立つばかりではなく「差別だと感じる」側にも立つわけだから、何よりもこの点に自覚的でありさえすれば、やみくもに「何も言えない」とは言わないはずである。「自分がされて嫌なことを人にはするな」という古来よりの教訓がある。

　以上のことから、とりあえず、差別意識があろうとなかろうと、「差別だと感じる」人がいるなら、それは差別であると考えてもいいだろう。そして、こう考えなければ解決がおぼつかない深刻な状況があることも事実である。それは、セクシュアルハラスメントやパワーハラスメントなどの、格差が増大することによって生じるハラスメントである。

Column 3

〈LGBT〉という表記について

　セクシュアルマイノリティの社会的承認を進めていくためには、その内実を表現することが必要となるのは、戦術上当然であろう。しかし、もともと多様であるセクシュアリティをまとめて表現すること自体には多少の無理があることも事実である。その点で、すでに「普及」したよう思われる〈LGBT〉という表記について少し考えてみたい。多様性と個別性という点でいささか気になる点がある。

　この〈LGBT〉という表現は、日本でも確かに定着した感がある。しかし、講義の中でこの点に触れると、〈LGBT〉という表現自体を知らない学生はほとんどいないが、この頭文字が何を意味し、どのようなセクシュアルマイノリティを対象にしているのかを正確に答えられるものは非常に少ない。このことは、良くも悪しくも表現が一人歩きした結果、〈LGBT〉という「ひとつ」の概念が存在しているという風に捉えられていると考えていいのかもしれない。〈LGBT〉の中の個別性よりも、社会的多様性を見る指標としての「ひとつ」の括りとして流通している、と言い換えてもいいだろう。

　そうであるから、L（Lesbian、レズビアン、女性同性愛者）とG（Gay、ゲイ、男性同性愛者）とB（Bisexual、両性愛者）とT（Transgender、性別越境者）の違いとなるとほとんど印象によるものになってしまう。まして、Bとなると、さらに「わかりづらい」ものと考えられているようだ。なぜなら、Bという存在自体がほとんど顕在化しておらず、その実態はほぼ明らかにはなっていない。さらに複雑なのは、性的指向（セクシュアル・オリエンテーション）から見れば、Bの中にLもG

もTも含まれてしまうように見えるからだ。もちろん、異性愛主義というマジョリティ社会からの忌避や排除の対象としては共通するが、理念的には、Bはその異性愛主義さえも含む全体集合と捉えられる可能性がある。

　つまり、〈LGBT〉というのは、取りあえずジェンダーやセックスに関連して忌避や排除される対象を表現するものとして作られた感が強く、そこには、性的指向だけではなく性自認（セクシュアル・アイデンティティ）、ジェンダーやセックスといった異なる指標が混在しているのである。したがって、今後は、これまで忌避・排除されてきた「ひとつ」の括りとしての〈LGBT〉の強調という戦術だけではなく、〈LGBT〉の中の個別性に関する正確な知識と実態も、併せてわかりやすく広めていくという戦略が求められていると思う。

第4章

差別の実態——「青い目　茶色い目」から

1　背　景

　人権教育や人権問題の社会啓発の際によく使われる、「青い目　茶色い目——教室は分けられた」という映像がある。この映像はもともと、1968年4月、アメリカ北西部のアイオワ州ライスビルの小学校において行われた人種差別についての実験授業を、1970年「目の色が巻き起こした嵐」と題して米ABCによって放送されたものを中心に構成されたドキュメンタリーで、1985年に "A CLASS DIVIDED" として全米で放映されたものである。

　その実験授業の内容をごく簡単に説明すれば、当時、3年生の担任教師であったジェーン・エリオット先生が、マーティン・ルーサー・キング牧師が暗殺されて間のないある日、クラスを青い目と茶色い目の児童に分け、「青い目の子はみんな良い子です。だから五分余計に遊んでもよろしい」、「茶色い目の子は水飲み場を使わないこと。茶色い目の子はダメな子です」と、青い目の児童が茶色い目の児童よりも優れているとして、差別的な扱いをすることを宣言する。そして、翌日は目の色を入れ替えて、同じよう状況を強制すると

第4章　差別の実態──「青い目　茶色い目」から

いうものであった。

　アメリカでは、このドキュメンタリー映像が各地で上映され、大きな反響を巻き起こし、日本では、1988年4月29日に、先にあげた表題でNHK特集「ワールドTVスペシャル」という番組の第4回放送分として放映された。そして同年12月には、このドキュメンタリー映像が『青い目　茶色い目──人種差別と闘った教育の記録』としてNHK出版から刊行されている。

　したがって、かなり多くの人に知られているものである。学生たちに聞いても、最近は少なくなってきているとは言え、2割から3割ぐらいが、小学校からのいずれかの学校段階で観た経験を持っている。

　なお、2001年には、エリオット先生が、大学生を相手に同じような主旨の実験をやった記録が、「エリオット先生の差別体験授業」と題して、同じくNHKで放映されている。

　エリオット先生がこの実験授業を思いついたのは、1968年4月4日のキング牧師の暗殺がきっかけだったと述べているように、この当時のアメリカは、人種差別が現在よりもはるかに厳しい時代であった。

　黒人女性ローザ・パークスが、1955年12月アラバマ州の州都モンゴメリーにおいて、バスの座席を白人に譲ることを拒み、人種分離法違反で逮捕される。これを機に当地バプティスト派教会のキング牧師の指導により、モンゴメリー・バス・ボイコット運動が始まる。こうして、黒人による公民権運動が拡がっていく。

　キング牧師の非暴力による人種差別の撤廃、各人種間協調

の訴えは、とくに1963年8月28日首都ワシントンで20万人を集めて行われた大行進の時の演説、「わたしには夢がある（I have a dream.）」がよく知られており、世界中に広く共感を得ることとなった。そして翌年1964年7月2日、「公民権法（Civil Rights Act）」が成立、アメリカ建国以来続いてきた人種差別が、法律上は禁止されることになった。キング牧師はこうした公民権運動の指導が評価され、1964年度のノーベル平和賞を同年12月に受賞している。

またちょうどこの頃、もうひとりの黒人指導者マルコムXが、従来の過激な運動方針を変更し、キング牧師に接近しようとしていた。しかし、1965年2月21日ニューヨーク市ハーレムにおける演説の最中、黒人によって暗殺された。マルコムXは、「白人を悪魔と呼び、白人優位の社会を糾弾する激しい説法は、白人社会を震撼させ恐怖に陥れた」と言われていた。

以降、公民権運動は行きづまりを見せはじめ、非暴力主義から過激な暴力主義までに分裂することになる。それは、1966年、「ブラック・パンサー」が、力で白人社会に対抗していこうとして結成されたことに象徴され、1967年ニュージャージーにおける白人警官による黒人タクシー運転手に対する暴行事件をきっかけとして起こった「大暴動」を期に、白人との対立は暴力的なものになっていった。

こうした状況の背景には、KKK（クー・クラックス・クラン）に代表されるような非人間的な暗殺集団の存在を黙認するような白人社会が存在していたことを忘れてはならない。「公民権法」の成立は、このように、それまで黒人を差

別することによって白人が享受してきた既得権益を著しく脅かし、白人社会に不満や不安を醸成していたという面もあったのである。

そして、1968年4月4日、キング牧師がテネシー州メンフィスで暗殺者の弾丸にたおれた。犯人は白人の男性であった。エリオット先生が実験授業を思いついた背景には、以上のような社会的状況があった。ことは急を要していたというべきであろう。

1993年にアメリカの黒人作家としてはじめてノーベル文学賞を受賞したトニ・モリソンの『青い目がほしい』は、1965年から執筆が開始され、1970年に出版されている。エリオット先生の目の色で分けるという着想と、白人の象徴でもある青い目に対して向けるモリソンのまなざしとが同じ時期に存在していたというのは、決して偶然ではないだろう。

それにしても、この「青い目　茶色い目」の舞台はたかだか50年ほど前のアメリカである。しかし、現在と異なるのは、そこに映し出されている子どもたちの姿が50年前のそれであるという点だけであり、アメリカ社会にある人種差別は、現在も何も変わってはいないと感じる映像である。見た学生たちの多くが、映像に古さを感じるものの、内容としては50年のギャップはほとんどないと感想を述べている。

2　まなざし

さて、この映像を観た学生たちの多くが、「差別はやはり体験してみないとわからないと思う」と体験、経験の重要性を言う。したがって、「このビデオや同じような授業が、日

本でもやられるべきだ」、但し、「日本でやる場合には、かなり慎重にやらないと、かえって差別を助長してしまう」と、言う学生も多い。

　この「かえって差別を助長させてしまう」という留保の中にこそ、かれらがこれまでに経験してきた人権教育の問題性、すなわち「知ること」が「差別」や「いじめ」につながるという「没主体性」や、あるいは、その結果、「知ること」を忌避してしまうといった知的後退を感じてしまう。

　また、映像を観る視線は、「だめだ」と言われた側の子どもたちの方へ向かいがちである。通常は、自分は差別される側ではないと思ってはいるけれども、こんな理不尽な理由がまかり通るのなら、そうなる可能性は自分にもあると思うからだろうか、画面の中の子どもたちに感情移入をしてしまい、泣きそうになる学生もいる。

　こうした感想や視線の方向については、学生に限らず社会一般によく見られるものであろう。わたしは、この映像がさまざまな人権啓発の場や学校教育の場で使われてきたことを評価するが、ただ、もしこの映像を観るだけに終わるのであれば、やはり、「だから差別はいけないと思います」と、お定まりの結論になるだろうと思う。あるいは、「目の色など、根拠のない差別はいけないと思う」といった、見当違いの結論を導きだすかもしれない。この映像の視聴がこうした結末に至ったと聞くことも少なくないことからすれば、結果的には、観た意味がなかったということにもなりかねない。したがって、この映像は鑑賞するだけではなく、学習の教材として扱う必要がある。

わたしは、鑑賞後の展開を考えて、ビデオを見る際の注文を一つだけつけることにしている。それは、登場人物の表情にも注目して欲しい、とくに、優れていると言われた側の児童たちの表情にも注目して欲しいということである。それは、目の色という理不尽とも思える根拠によっても、人は人を差別できるし、そうしているそのメカニズムを考えて欲しいと思うからである。

　私たちは差別が起こっている場面を、その気になればではあるが、テレビや映画、あるいは実際にも見聞きする機会は意外に多い。しかし、そこでも、視線は差別されている側へ向きがちである。うがった見方をすれば、ビデオ鑑賞などの機会を提供する方もそうした視線を期待し、「だから差別はいけないのです」という結論を導きだそうとしているように思える。

　例えば、いじめが起きている場面を見ているという状況を想像してみよう。いじめをしている側はいじめられている者に比べ、見ている者の視線の中に入りにくい。いじめの状況は、いじめられる側をよりクローズアップするからである。したがって、差別する、あるいはいじめる側に視線を向け、差別やいじめが起こるメカニズムを学習するためには、私たちの視線を意図的にそちらの側に向けることが必要となる。

3　差別の循環

　この「青い目　茶色い目」から何を学ぶことができるだろうか。まず、差別発生のきっかけと差別が継続するしくみを考えることができる。

エリオット先生は初日、青い目と茶色い目を比較して、いきなり青い目の人の方が茶色い目の人よりも優秀なので、青い目の人がさまざまな面において優位なのだと宣言する。この時点で子どもたちは、狐につままれたような、ポカンとした表情を見せている。何とおかしなことを先生は言い出したのかと、真意をつかみきれない表情である。しかし、先生の確信に満ちた宣言に、次第に子どもたちもそれを受け入れはじめる。

　この経過が私たちに教えるものは、いじめや差別のきっかけは、決して確たる根拠などに拠るものではないこと、まったく非科学的、非合理的、理不尽なことであっても、十分にきっかけ、根拠になるのだということである。この点は、この映像を見る場合、いくら強調してもし過ぎることはない。

　エリオット先生が青い目の色に注目し、そこに高い評価を与えるということは、とりもなおさず青い目をしている人たちの集団的属性に対して、その優越性に正当性を与えることになる。その結果、青い目をしている子どもたちのいじめが始まるのだが、優越性は、青い目をしている個人ではなくその属性に対して与えられるから、いじめる側としては、個人的な罪悪感が薄められ、安心感を持つことができる。すなわち、茶色い目をした者をいじめるとき、青い目をしている個人がいじめているのではなく、青い目を共有している優越した集団がいじめていて、しかもそうすることは正しいことだという、強力な「正義」を背景にしていると言える。匿名性の持つ「安心感」である。

　一方、いじめられている側は、茶色い目の人はすべてが青

い目の人よりも劣っているのだという状況説明など何の慰めにもならず、あくまでも特定個人としていじめられているのである。いじめられている子どもは、その時、たまたま茶色い目をしているからいじめられているのだとは決して思わない。しかし、いじめている側は、茶色い目をした集団をいじめているのであり、ターゲットは集団の中の、たまたまそうなったに過ぎない名もなきある個人であるというだけである。両者の状況に対する理解にズレがある。ここに、いじめている側といじめられている側の間に存在している、決定的かつ構造的な関係の不均衡が見て取れる。「喧嘩両成敗」などという、牧歌的な平等幻想ではない、越えがたい不公正な関係がそこにはある。

　したがって、いじめられている側は、有効な反撃に出ることはほとんどできない。反撃に出たとしても、相手は個人としてではなく、青い目をした優越した存在としてふるまうので、いじめる個人を易々と隠蔽してしまうため、状況が変わるような効果は期待できない。

　また、いじめられている者同士の助け合いなどもなかなか困難なものである。なぜなら、そのような状況にあるとき、個人としてそこから抜け出すことに精一杯であり、他に目を向ける余裕もないことは、誰しもがたやすく想像できるだろう。

　つまり、いじめに対する反撃もできず、連帯もできないという抜け難い状況が完成し、いじめられる側は、徹底的にたたきのめされることになる。したがって、いじめられる側からこの状況を変えることなど、ほぼ不可能に近いと感じてし

まっても不思議ではない。

　これは、差別に置き換えても同じことが言える。差別を受けた側が差別をした側に異議申し立てをするには、想像以上に勇気が必要であるし、そのために連帯しようとしてもなかなかそれを許す条件が整うことはない。エリオット先生が、ある刑務所の看守を含む職員たちに行った研修の際の映像は、みごとにこの点を描き出した。

　この点に関連して、辛淑玉はかつて、ハンセン病元患者が黒川温泉で受けた差別についてコメントする中で、「この社会では『かわいそうな弱者』がじっと耐えているあいだは、大衆は涙を流して同情してくれる。だが、ひとたび弱者が声をあげ、政府や加害企業などに異議を唱えはじめると、一転して『権利ばかり主張する』とか『感謝が足りない』といった激しい批判をぶつけてくる」と、無限に広がる匿名性の向こうから差別する人々を通して、この構造が私たちの社会を、いかに広汎に強固に覆ってしまっているのかを見事に言い当てた。黒川温泉事件の時にもそうであったように、勇気をふるって異議を唱えたとしても、今度は異議を唱えたこと自体に対して非難が集中する状況が、いま現在の日本にもあることを、残念ながら、即座に否定できる者はいないだろう。

　こうした状況は、現在の急速なネット社会の進展と無関係ではなく、とくにSNSの拡がりは、これまで隠れていた「差別意識」を拡大再生産し、表出し易くしていることは間違いない。このことが、私たちの中に依然としてもやもやとしながら存在しているルサンチマンがかたちを変えて、被差別者

に対して指摘される「意識過剰」という非難や中傷、あるいは「差別される理由」へ執拗なまなざしを増幅させ、そのあげくが一転反撃のための「逆差別論」につながっているような気がしてならない。

4　自由なふるまい

映像の中のいじめている子どもに注目していれば、いじめメカニズムを構成している重要なあることに、比較的容易に気がつく。

それは、いじめている児童たちが見せる「自由」なふるまいに関することである。エリオット先生が、茶色い目の児童に対して差別的な扱いをしていることに「力」を得て、青い目の子どもたちは「活き活き」とふるまい、茶色い目の子を無視し、次第に侮蔑的な視線を浴びせるようになる。この、いじめる側になった者たちが見せる、「自由」な、「活き活き」と見えるふるまいは、差別する者にも共通するものだと思われる。

差別やいじめが起こっている場のふるまいの中で、する側が見せるこうした「得意げさ」、「自信満々」、「嬉々としている」といった表情、一方で、される側に見られる「やりきれなさ」、「悔しさ」、「憤り」、「理不尽」といった感情の対比が、映像を見る立場からすれば、「ぞっとするような不快感」、「悪意に満ちている」、「醜悪」であるという発見は比較的容易であり、この映像ではこの点を見事に見て取ることができる。

こうした、差別やいじめが起こっている場を、「全体」と

して捉える視線や視野を持つことは非常に重要であり、それらが起こっている状況そのものに対する評価や判断、差別やいじめを成立させている、その場の条件への理解につながっていく。とくに、学校や教室を考えるとき、差別やいじめを成り立たせる条件を見極め、ひとつひとつそれらを消していくことの「効果」はとくに大きい。

5　経験の意味

「青い目　茶色い目」を観た学生たちは「やっぱり経験してみないとわからない」と口にする。経験の重要性を言うことに関してはまったく異論はないが、こと差別に関連して、「経験しないとわからない」という言説は簡単に容認することはできない。それは、「経験がないわたしには、理解はできない」といった、「未経験」を差別問題からの忌避の理由にする場合が少なくないからであり、結果として「差別されたことがない者には、差別されることのつらさはわからない」という、対話の断絶宣言につながるからである。

また、「経験もないのに、何をわかった風なことを言うのだ」という差別される側からの問答無用の排除にもつながる。この断絶や排除は、実はいずれも差別する側にいる者にとって大変に都合がいい。つまり、「差別された経験がないから、差別についてのことはわかりません」という逃げ口上が成立するからである。

経験というのはかなり主観的なものであり、容易につくり出せたり、変更したりすることもできる。また、ある状況をすべての人が体験すること、歴的な出来事をすべて経験する

ことは論理的に不可能であるから、経験の絶対性を言うのは無理がある。

　したがって、「経験すること」を多様に、広義に解釈する必要がある。そう考えれば、「青い目　茶色い目」を見た学生たちは、すでに「経験」したと言えるし、あるいは、書物からでも想像力を働かせることによって、疑似体験をすることもできる。それを現実に反映させること、それがイマジネーションというものであろう。狭義の「経験」がなくても、そうやって考えたり、主張したりできる状況を広く保証することは、いじめや差別に関わってよく言われる、第三者の議論への参加を促す意味で大変に重要である。当事者性が、他者との断絶や排除を招いてしまうことになることだけはどうしても避けなければならない。

6　立場の可逆性

　タニンゴトというのは、他人のことだから自分には関係がないということである。この意識が成立する前提として、決して自分に降りかかることはないという、あまり根拠があるとも思えない確信があるだろう。立場は不可逆であるという思い込みである。ところが、エリオット先生の授業は、強制的に、しかも翌日に、そしていとも簡単に、この立場の不可逆性を粉砕した。

　映像の中の子どもたちは、昨日の今日であっても、それが可能になった理由にうすうす気がついている。つまり、立場を主張する根拠、この場合は目の色だが、この根拠自体が、状況を決定するにはきわめて不確かなものに過ぎないという

ことに気がついている。目の色と人間の優秀性は何の関係もないだろうと、内心では感づいているわけだから、それと同じ論理で立場が逆転することもあり得ることになるわけである。当然と言えば当然である。より断定的にいえば、タニンゴトという立場に安住することなど、誰であってもできはしないのである。

　日本人は、ほとんどの人が茶色い目をしているから、目の色を根拠に優劣をつけるという演出には無理があることは確かであり、日本でこの演出をすることはできないだろう。しかし、私たちには、目の色と似たようなものを根拠にして、いじめたり、いじめられたりしていたという記憶を持っていないだろうか。だから、エリオット先生の小学校での出来事は、50年ほど前のことでありながら、タニンゴトでは済まされないリアリティがあったのである。

　それが、たとえ部落差別における部落であろうが、性差別における性であろうが、障がい者差別における障がいであろうが、「差別」の根拠と考えられているそうした部落、性、障がいといった概念自体が、もともと定義しづらい曖昧なものであることは、比較的広く理解されていることである。したがって、エリオット先生の、有無を言わせない立場の可逆性の強制は、実際の児童たちだけではなく、映像を通してかれらにも、自分たちが直面する可能性がある差別に関して、タニンゴトでいることを、少しだけかもしれないが回避させたと言える。

第 4 章　差別の実態——「青い目　茶色い目」から

7　能力の向上

　映像の中で学生たちの多くが指摘する箇所がある。それは、エリオット先生が、授業の最後にそれぞれのグループに簡単なテストを行う場面である。そこでは、1日目も2日目も、「優秀」とされていたグループの方が成績がよいという結果がでている。学生たちがこの点に注目してしまうのは、もしかすると「差別」することが能力をアップさせたのではないかという疑念が生じたためである。これは、「差別やいじめにはメリットがあるのではないか」、「損得勘定で差別やいじめをすることがあるのではないか」という、「だから差別はなくならないのだ」という結論が導き出されてしまう有力な筋書きのストーリーを生み出してしまう。このストーリーの問題性は、差別することに一定の「正当性」があるという勘違いを起こさせ、結果的に「あきらめ」の感情をもたらす点にある。

　エリオット先生も、この結果に驚いたようで、心理学研究者に分析を依頼している。その結果は、1日目に青い目の児童の方が茶色い目の児童よりも成績がよかったのは、茶色い目の子どもたちの学習意欲の減退のためであり、つまり、いじめられた結果であり、青い目の児童の能力が向上したためではない。2日目に結果が逆転したのも同じ理由である。しかし、後日の成績がどちらのグループも向上したことは注目すべきであり、それは、どちらの児童たちも「何か大切なものを学んだ」という自尊感情が芽生えたためである、というものであった。

確かに、優れたとされたことだけが能力を向上させたと解釈するよりも、説得力はある。つまり、前述した「ちゃんと知る」ことの重要性にもつながる。

　ただ、もう一点、「差別の得」に関して考えておくべきことがある。確かに、「差別」することが金銭的なものに限らない利得をもたらす場合がある。より一般的にいえば、資本家が労働者からの搾取によってより大きな資本を蓄積するという構造と似ているとも言えるだろう。搾取が差別行為と認識されれば、構造は同じということになる。

　これについては、そうして得られた利得が本当にその人を幸せにするか、という問題がある。過酷な搾取が何を引き起こしたのかは、歴史が明らかにしているし、ホンネが如何であるかについては保留しつつも、人権という視点からそれらは広く批判される。そうであれば、差別行為によっていじめがもたらす利得は、やはり人を幸せにはしないだろうと、ここでは言っておきたい。

Column 4
感動ポルノについて

　オリンピックは、その開催主体は都市であって国ではなく、また、そこで行われる競技は選手間のものであり国家間の競争ではないと、オリンピック憲章にも明記されているのだが、あたかも国家の「威信」をかけた「戦い」でもあるかのようなプロパガンダがなされる。新聞史上では毎日獲得メダルの国別データが更新されるし、公共放送局は、オリンピック開催期間、それが当然の使命であるかのごとく、超長時間にわたり視聴を強制するかのように放送しつづける。一応人々には局の選択肢があるから、多少はその強制から逃れることができるとしても、いささか異様で恐ろしい事態である。

　パラリンピックも時期をずらして開催されてきたが、それがやはり長時間放送に組み込まれている。以前はそうでもなかったと記憶するので、2016年に成立した「障害者差別解消法」との関連ではあったとしても、障がい者に対する「理解」を進めるという点で一応の評価はできる。しかし、そのことが認識される適度なものをはるかに超える公共放送による膨大な放映時間と量は異常だ。そんな中で、パラリンピックの放映に関連しているように思われる、興味深い議論がなされている。それは、「感動ポルノ」批判である。

　「感動ポルノ」というのは、骨形成不全症を患っていたオーストラリアのコメディアンである故ステラ・ヤングが、〈障害者もの〉メディアによって、障がい者は「感動ポルノ」として健常者に消費される、と語ったことに発している。今回の議論の直接的なきっかけとなったのは、公共放送局が2012年から制作している「障害者のための情報バラエティ」番組、通称

「バリバラ」だ。その放映日が、「愛は地球を救う」をテーマとする某民放の「24時間テレビ」と同じ日であったから、その意図は明らかであった。

　パラリンピックにおける「感動」にしても、「24時間テレビ」における「感動」にしても、多くの人がその「感動」に身をゆだねたことは間違いないと思う。しかし、多少はそこに違和感を持つ人もいたのである。なぜなら、「感動した」、「勇気をもらった」と語る多くが健常者であったからだ。もちろん、障がい者の中にもそのように感じた人がいたことも否定しようはないが、「障がい者」から「感動」や「勇気」をもらった「健常者」が話題の中心になることには、いささかの戸惑いがある。

　これまで差別されてきたマイノリティが、その差別と闘うすがた、あるいは、そのマイノリティがさまざまな場面で活躍するすがた、それは、他者に対して確かに「感動」や「勇気」を与えてきた。しかし、そのことと、健常者、すなわち「差別する」側にいる人が「感動」や「勇気」もらうすがたをクローズアップすることとは、その意味が明らかに異なると思う。

　これまでにも似たような場面や経過があったように思うが、差別の実態よりも「感動」や「勇気」の方が注目されることにより、結果的に差別の実態は依然として隠蔽されつづけることが多かった。言わば、巧妙な「すり替え」ではなかったか。「差別される」側にとっては、その「ガンバリ」が「差別する」側に「感動」と「勇気」を与えることはあっても、「差別」の実態は変わらずにあるということになる。まさに、「差別される」側は、その差別を解消する「ガンバリ」が、「差別する」側に消費されてしまっているのである。差別が減らない原因を見る気がする。

第5章

差別の実態——結婚差別から

1 背　景

　映像「青い目　茶色い目」を見た私たちは、いじめる側の視線の重要性を理解した。そこで、つぎに「いじめ行為」、あるいは「差別行為」のメカニズムを解明するために、過去に起こったある出来事を通して考えてみたい。

　自分の子どもがいじめに加わったことで担任教師から注意を受けた保護者が、それに抗議するために教育委員会へ電話をかけた。番号違いで電話がつながった先は教育委員会同和教育指導課だった。

　まずは、これが「不運」の始まりであった。電話を受けた課長との話の中で、児童に対する担任の注意が、いじめた児童全員ではなく自分の子どもだけだったことを、「片手落ち」ではないかと発言した。なお、この担任教師は自分のクラスのその児童に注意したのであって、他の児童に対してはそれぞれの担任教師が注意をしたことが、後日判明している。保護者の早とちりだった。

　課長は同和教育指導課という立場上のことがあったと思われるが、その発言に対して、差別的なことばであるので使わ

ない方がいいのではないかと指摘した。すると、指摘されたその保護者は、「そんな意図はなかったのに、あげ足を取られた」と、いわゆる「逆ギレ」を起こしてしまったのである。

この電話での会話の内容が、抗議の本筋とは関連のない差別的なものであったので、事情を正確に把握するために、同課の職員がこの保護者の家へ出向き、話を聞くことになった。

以下、電話でのやり取り、保護者の家でのやり取りをもとに、プライバシーに考慮しながら四つのステージに分けて状況を再構成した。［　］内は出向いた職員のことば、〈　〉内は筆者による補足である。

なお、「差別語」についての本書の見解はすでに述べた。「片手落ち」という語自体が確信的な「差別語」かどうかの議論は別に譲るが、少なくとも「五体満足」といった語と同じように、それを使う場合は、身体障がい者の「欠損」を「不完全」と見なすことから意味を敷衍したものであろう。こうした語は、何ら問題なく使用されていた時代もあったが、近年では人権意識の向上によって使用しない方向へと向かっていることは周知されている。電話での課長の対応は当然であったと思われる。

2　第1ステージ

課長に、ことばが不適切であることを指摘され、つぎのように発言している。

それが今流行の、マスコミとかで取りあげられている不

> 快語…。それはわたしも気づかないところだったと思うんですよ。それをイチイチ、イチイチですよ、全部あげ足を取られてですね、全部こっちにはね返ってきたら〈かないませんよ〉。今日もある人に言ったんですよ。「もうそんな、あげ足をみな取られるんだったらね、もう、何にも発言できない、恐ろしい、恐ろしい」。

この種の「憤り」は、無理矢理であれば理解できなくはない。もしも、こう言い放ったことによって気分が晴れて、事を収める冷静さがあったなら、何の問題にもならなかったと思われる。しかし、現実にはそうはならなかった。

3　第2ステージ

電話では次第に、話が子どものいじめ問題から部落問題、この時点で電話をかけ間違えたため、相手先が同和教育指導課であることがわかったようであるが、へ移り、当地の「同和」行政への批判に変わっていった。その中で、この保護者は、自分の親戚については、部落の人との「通婚権」を認めないと発言した。この「通婚権」とは、「通婚圏」ということばから発想されたものだと思われる。通常は婚姻が行われる「エリア」を意味する用語だが、保護者は結婚する「権利」という意味を持たせたものだと考えられる。

> 通婚権については、わたしの身内のことに関してです。わたしのいとこが、かつて、〈部落〉地区の人と結婚する恋愛関係にありました。そのことについて、もめにも

> めて、往生しました。ほんとに、往生しました。結局、外国の方に、逃げましたけどね、いとこは。逃がしました、経済力で。…だからわたしは、嫌なんです。そういう経験があるから、ものすごく困りました。先方は「結婚して下さい」と言われるし、こちらは結婚させまいとすることで、随分、もめましたからね。
> ［なぜ困るんですか？］
> それはですよ、あなた、ちゃんとその家にふさわしいとか、そういうことが、ちゃんと、あるでしょ。あなた、そんなことも考えずに、結婚するんですか。
> ［ふさわしいとは？］
> 人物的に見て、家とか、そのご兄弟とか。
> ［家と家が結婚するわけじゃないでしょう。］
> ああ、やっぱり、違いますね。ふん、そうですか。それじゃ、もう結構です、それはそれで結構ですから。ええ、わたしどもは、やはり、〈通婚権は認めません〉。

　本書の立場からいえば、そしてオーストラリアの「反差別法」に照らせば、明らかな「差別（行為）」である。しかし、日本ではこうした内容の公言であっても、話を継続することによる「説得」が、まずは取られる対応である。言わば、教育による解決を目指すことになる。

4　第3ステージ

　場所を保護者の自宅に移してのやり取りである。対面状況での話なので、少し長く紹介する。出向いた職員から、「差

別のし放題だし、自分自身が恥ずかしいとは思わないのか」と言われ、この保護者は「別に、そんな、意識なかったですけどねぇ」と、少々それまでの勢いはなくなったのか、小声で応えている。しかし、すぐさま「立ち直り」、保護者が内面に抱えていた「差別意識」が具体的なことば、すなわち「差別行為」として語られていく。

> わたしらが〈部落差別について〉勉強したのはですよ、あの、まぁ、差別の再生産と言えばおかしいんですけどね、まぁ、あの、職がない、就職がさせてもらえないという状態にあったと。だから、非常に貧しかったと。だから、汚い生活をし、貧しい生活を余儀なくさせられていた。だから、人から、まぁ、その部落外の人から見ればね、あそこは汚いとね。あそこの人間のかっこうは汚いと。汚いんじゃないんです。汚くさせられていたんです。だって、経済的な手段が与えられていなかったんだから。だから、より貧しいものはより貧しく、そういう状態に置かれてたという状態ですよね。だから、何か犯罪があれば、まず第一に、そういう地区に住んでいた人間が疑われる、そういうことがありますからね、前は。

この保護者は、部落差別に関してある程度の知識を持っていること、その知識の内容に何ら疑いも持っていないように思われる。こうした内容が公言されることはあまりないだろうが、部落差別がいまだに根強いのは、こう思っている人が決して少なくはないということなのかもしれない。

職員は、「部落に住んでいる人がすべてそんなんではなく、そんな中にあっても懸命に生きている人が多いのではないか」と、対話を続けようとするが、保護者は聞く耳を持たず、どのように自分の「差別意識」が形成されてきたのかという話を始める。
　この保護者は、親から、「部落の人とは絶対に結婚できないし、友だちにもなってはいけない」、「昔は、家などに行ったときに、敷居から向こうへね、あの人たちは入れんかった。それでご飯をよそうときは、欠けた茶碗であげていた」と言われていたと語る。こんな親のことばを、この保護者はつぎのように受け取っていたと言う。

> 　親からそういうことを教えられたわけですよね。それで、フンフンフンフンと、わたし、聞いてたわけです。実際に、今でもそういう考え方があるんです。で、わたしもね、親から、そういうふうなことを教えられたんで、子どもにもね、やはり、こうこうこうだということを教えたいと思う。但し、その判断は、子どもがどうするかは知らないですよ。それは、子どもがどういう判断するかは、それは、親のタッチするところじゃないと思うんですけど。わたしは親としてね、やっぱり、そういう地区の人だとかと、結婚もできないし、結婚すべきじゃないと。結婚すれば、親戚一同みな迷惑するんだ、ということは教えよう、と。
> ［具体的にどういう迷惑をするのか教えないとわからないでしょう。］

> だからね、そういう人たちとは結婚できないし、つき合いもできないんだ、ということは教えます。但しですよ、それを子どもが、どのようなかたちで消化していくかは、親のタッチするところではないと思っているんです。そういう意味でね、わたしは子どもに教えていきたい。
> ［差別をしなさいと教えるんですか？］
> いや、差別をしろ、ではないです。そのことばをね、そのまま教えて。ただ、子どもがどういう判断をするかはね、それは、子どもらはわたしらと違って、小学校の時から、そういうふうな差別に対する教育を受けてきていますからね。
> ［でも、それは通用しないでしょう、部落の人と結婚したらいけないと教えるわけだから］
> いや、そうじゃないんですよ。子どもがですよ、例えば親に対してね、「お父さん、お母さん、そういう考え方、間違ってるよ」ということだってあり得るわけでしょ。
> ［でもあなたは聞かないでしょう？］
> ええ、でも教えます、それは。だけどですよ、子どもがそれを選べば、子どもの生き方は子どもの生き方ですからね。それはその場にならないと、わたしはわからないと思うんですよ。だけど、親としてはね、そういうことを教えていく、そういう発言をしたことがあるんです。
> 罪悪感は、ないです、わたしは、はっきり言って。

ここまでの段階で職員は、「あなたみたいに公然と差別す

る人ははじめてだ」と、さすがにあきれてしまう。それに対しては、「いや、その、だから、いや、そういうふうに言われると、ちょっとねぇ、あの、ものすごく〈困るんですよね〉」、「いや、だから、わたしにはわたしの言い分があるんですから」と、あきれられたことに戸惑いながらも、居直りともとれる発言をしている。

　その後、職員は、保護者の言い分に「誰しもが納得するような根拠がまったくない」と言う。それに対して、保護者は、「部落差別はもともと根拠がないと言われているのに、なぜ今でも部落差別が残っているのか」と、逆に問いかける。職員から「あなたのような人がいるから残っているんだ」と言われ、今度は、差別される根拠の話に矛先を向けていく。

> じゃ、ちょっとお聞きするんですが、就職差別って、今でもあるんですか。わたし、聞きたいんですよ。例えばね、能力があって、そういう人が就職差別にあったら、当然、〈差別問題として〉指導されるでしょう。ねぇ、じゃ、なぜ企業がねぇ、そんな人を疎外するんですか。わたし、逆にそこが知りたいんですよ。

　これ以降、この保護者は、部落の人が差別されるのはなぜか、自分は知らないから教えて欲しいと、職員に執拗に質問する。そして、就職差別などがあるのは、結局は部落の人たちは能力が低いからだと、自らの経験や体験から導きだし、ちゃんと根拠はあるのだと、懸命に自分を納得させようとし

ている。そして、もし、根拠がないのならちゃんと反論すればいいではないかと、反論したとしても効果なんかないということをわかった上で、言い放っていた。

5　差別のメカニズム

　これはフィクションではない。実際にあったことを元にして再構成している。学生たちには生の会話を聞いてもらう。すると、声も出ないほどのショックを受ける学生から、作り話ではないかと疑う学生までさまざまである。確かにひと昔前の話なのだが、かれらは今でも自分たちの身近に、このような人がいること、あるいは、話全体から伝わる差別に満ちたこうした状況が現在でもあると思うと、口々に言う。その意味で、この話は、差別の問題がタニンゴトではなく、いわばジブンゴトとして捉えられるきっかけを与える素材であったという意味はあると思う。

　では、これを教材として見るなら、ここから何を学ぶことができるだろうか。

　まず全体として、「こんなにまですごい人は他に知らない」とか、「いくら何でもこんなにはひどくない」とか、あるいは、「こんな人、知っている」、「＊＊そっくりだ」という感想は多く聞かれる。つい、差別の比べ合いになってしまったり、あまりの凄さに、そこまではひどくないといった妙な「安心感」を持ったりする。

　しかし、こうした感想は、差別の現実に直面したとき、「差別はいけない」などという道徳規範は所せんタテマエであり、「差別は仕方ないことだ」、「差別するのは人間の本能

ではないか」といった、後ろ向きの「共感」、「理解」や「あきらめ」につながっていく可能性が大きい。ここでもやはり、タニンゴト化する落とし穴があるということを認識する必要がある。

したがって、この保護者の具体的な語りをもとに、人が人を差別するメカニズムと、その「まやかし」について考えていく必要がある。

6　差別は本能か、昔話か

「差別するって人間の本能ではないだろうか」というのは、差別について考えようとする時よく耳にすることであるが、このやり取りからは、そうでも解釈しないと理解できないと思ってしまうのかもしれない。構造生物学者の柴谷篤弘は、「差別と反差別の、相反するふたつの構造が、人間の脳に、ともに並んで生得的に与えられ、社会的なきっかけなどによって具現化する」と、「差別する」ことが「生得的」なものであると言う。しかし、同時に「反差別（差別しないこと）」も「生得的」だと言う。ここが重要な点である。

つまり、「差別することが本能」だとしても、同時に「差別しないことも本能」だということである。生物学上でのこの点に関する検証は他へ任せざるを得ないが、この論理は、もし「差別することが本能」なら、地球上は差別だらけになっていそうなのに、そうはなっていないことをきわめてわかりやすく説明してくれる。よく耳にする「理性」を、「差別しない本能」と言い換えればイメージしやすくなる。

また、この会話がひと昔前のものだとすれば、「差別って

昔のことで、今は減ってきているんではないか」という疑問が出るのももっともである。しかし、差別の生じ方という点から見れば、決して昔話ではないことが理解できる。

　少し前に流行した「自己責任」ということばがある。現在では、社会の中で着実に定着した感があるが、このことばとともに「勝ち組／負け組」ということばも流行った。これらのことばの流行は、社会の中の、とくに「負け組」になることや「差別される」ことに対して、「あきらめ」、「仕方のないこと」といった感情への誘導を促す結果となった。それは、「負ける」のも「差別される」のも「自己責任」であり、そうなる「根拠」があり、決して社会の責任でもないし、いわんや政府や企業の責任でもない、という気分を醸成してきた。これは、「差別する」ことの正当化へと道をつけることに他ならず、考えようによっては、ひと昔前のこの会話にあるような状況と変わりはない。決して、差別は昔に比べて減っているわけではない。

7　差別の正当化

　第1ステージでこの保護者は、差別的表現、本書ではそれを「差別行為」とするが、それを指摘された際の、典型的な反応を示している。

　つまり、自分の「差別行為」を棚にあげて、取って返す刀で反撃にでるという反応である。日本に限らず言論界にあっては、差別語や差別的表現を指摘され、「そのようなことば狩りがまかり通れば、何も表現できなくなる」、「表現の自由は保証されなければならない」などといった「反論」は、そ

う珍しいことではない。この保護者の発言も、これとほとんど同じと言ってもいい。

　ただ異なる点もある。反撃の凄まじさは特筆すべきである。「何も言えなくなる」ということを「恐ろしい」と表現し、あげくは、その「何も言えなくなった」原因を部落に押しつけ、あげくは「恐喝者」扱いにするという、とんでもない「飛躍」をやってしまう点である。部落への偏見が生み出され、増幅継承されていく典型的プロセスであると言える。

　そして、この「飛躍」に「正当性」を与えているのが、「意図はなかった」、「知らなかった」というものである。「意図はなかった」、「知らなかった」のに、指摘されたり、非難されるのはおかしい、けしからんという居直りである。

　こうしたプロセスの誤りについては、本書ですでに述べたので、それにつけ加えて言えば、この手の「まやかし」に対抗するためには、その「まやかし」の方法をよく知ることが重要であり、近道である。そうすれば、自分は決してそれをやらないという断固たる姿勢を保つことも難しくない。この「まやかし」は、自らの人間性を引き下げる、最低のやり方であることさえわかっていれば良いことである。

　つまり、誤りを指摘されたとして、素直に「そうか」と認め、謝ればそれで済むことが、一般的な場合は多い。さして長くない人生経験の中でも、そうした機会は誰にでもあることである。謝ったとき人は、表情には出さなくとも、心ひそかに、これからはそうしないようにしよう、思うものである。取りあえずは、それで良いのではないだろうか。

　しかし、世の中には、謝ることが苦手な人たちは多い。そ

んな人たちは、謝ることが自分の立場を危うくすると思っていても、その程度で危うくなる立場でしかないという認識はない。したがって、通常、この保護者のように、居直るとますます立場は危うくなるのだが、なかなかそれに気がつかないというのもよくあることである。自省を込めて言うのだが、世に「先生」と呼ばれる職業の人たちは、概して謝罪が苦手のようである。やはり、「先生」という立場にいると、謝ると沽券に関わるとでも思っているからなのだろうか。

8　結婚差別と結婚観

　第2ステージでは、部落差別の中でもとくに「結婚差別」が起こる状況が、非常にわかりやすく示されている。このような状況を直接経験した者はあまり多くはないだろうが、親戚の話の中で経験したという学生は、毎年必ずいる。そんなかれらに限らず、多くの学生が、近い将来、経験しそうだと思うのか、タニンゴトにはなれないようである。もちろん、「冷静に書けないことを許して下さい。許せない。絶対に許せない。私を否定されている気がして、いや、否定されている。嫌だ、嫌だ、嫌だ。私はひとりの人間として認められたい。私は頭もよくないし、ずば抜けた才能があるわけじゃないけど、私は人間として認められたい。やりたい仕事に就きたい。好きな人と結婚したい。こんなことで狭い世界にとどまりたくない」といった部落出身学生の心情は、この時すべての学生たちにストレートに訴えかける。

　また、この会話は、部落の人に対する「結婚差別」というよりも、かれらには、一般的に結婚についてまわる「やっか

い」なことのようだという感想として広く共有されている。それは結婚観の問題でもあり、少し意外なことだが、かれらの中に、家と家との結婚という観念から自由になっていない姿をかいま見ることもできる。したがって、この問題は、自分の中でそう簡単に整理できない者もいて、やはり「結婚差別」というのは、部落問題に限らず、そこから自由になるには時間がかかる問題なのだと、再確認してしまう。

とくに、部落での「結婚差別」につきものの、「親戚が迷惑する」とか「生まれてくる子どものことを考えなさい」という「恫喝」については、心優しき学生たちにとってなかなかその欺瞞性を理解するのは困難である。

これに対してわたしは、少なくとも自分が親として、子どもが部落の人と結婚すると言ったとき、親のあなたが「親戚が迷惑する」などということを、他でもない自分の子どもに対して本当に言えるだろうかと、あるいは、反対する者がいたとして、子どもの盾として子どもを守り抜くのが親ではないのかと、問いかけるしかない。タテマエとして理解されていることと自分の中のホンネとが、なかなか折り合えない状況というのが、この場合には存在するだろう。

9　差別しない根拠

第3ステージは、差別が継承されるメカニズムをあけすけに教えてくれるし、そうであるが故に、差別はそう簡単にはなくならないだろうと、妙な確信すら持ってしまう。

また、この保護者が、かなり学歴が高く、さまざまな知識を持っていることがわかるところでもある。「知ること」が

第5章　差別の実態——結婚差別から

「差別行為」につながっているのかと思うと気が滅入る。しかし、知識も、それを活かすか殺すかは、その使い手によるものだと考えれば、使い方しだいだということはできる。それにしても、ここまで差別するための知識、つまり、差別する「根拠」をため込もうとしている人を知ってしまうと、やはり愕然とする。

ただ、学生たちは、この保護者の発言中にある「まやかし」という狡猾さをすばやく見ぬく。自分の責任から逃れるためなら、自分の親であろうが子どもであろうが、平然と責任を押しつけるという、差別者のみにくさを見ぬく。ここが重要な点である。差別することが、いかにみにくいことなのかが実感できるところである。ある学生が、「わたしはこの女性を哀れに思ってしまうが、この人は自分で自分が嫌いになることはないのだろうか」と言っていた。同感である。さらに問題だと感じられるのは、親のせいと言う時、もしかすれば、その親が他界している可能性を考えれば、その親の教えさえねつ造であるかもしれない。世に言う、「死人に口なし」と同じ構造の言い逃れである。

この保護者は、自分が差別する正当性を保障してくれる根拠を懸命に探そうとしている。「ちょっと聞いてみたいんですが」ではじまる語りは、「それを聞いてあなたはどうしようと思っているんですか」という職員の反問によってその意図が見事に見破られてもなお、それにひるまず、世の中にある差別には、きっとされても仕方のない根拠があるはずだから、それを教えて欲しいと続いていく。

しかし、その真の意図は、教えて欲しいのではもちろんな

くて自分がこれまでに蓄えてきた差別する根拠が、いかに当を得たものであることを確かめようとしているのである。それも、同和教育指導課の職員という、日頃から差別問題に関わっている人の口からそれを引き出そうというのであるから、きわめて狡猾だと言ってもいいだろう。

このようにこの保護者が持っている豊富な知識は、その多くが、自らの「差別行為」を正当化するために使用されている。残念なことだが、日頃から差別問題に関心があることを何かにつけてひけらかす人の中には、自分が差別する根拠を何とか差別される側に見つけ出そうと、懸命に聞き耳を立てている人もいる。知識がこのようにしか使われないとすれば、それは学校教育における差別問題の取り扱われ方に、原因の一端はあるのかもしれない。この点は、自戒の意味も込めて、これからじっくりと考えなければならないことである。

ところで、日本の部落差別を考えるとき、差別の根拠が議論になることがある。部落の人だと言われている人とそうでない人とのあいだに、どのような明示的な違いがあるのか、ということである。その違いを、確たる証拠とともに提示できる人はいない。違いなどないからである。

つまり、「差別の根拠」、言い替えれば「差別をされてもいい根拠」は、どこを探しても見あたらない。部落の人を「差別する根拠」が明示できないことはもちろんだが、「差別されてもいい根拠」もないということだ。この「差別されてもいい根拠」というのは、「明示することができる違い」がないということであり、そこが、人種差別や民族差別や障がい

第5章　差別の実態——結婚差別から

者差別などとは異なるのだという議論である。

　しかし、すでに明らかなように、「明示することができる違い」がなかったとしても、部落差別はなくなってはいない。そこでは「部落」という表象が「違い」なのであり、それが根拠として有効に使われているからである。つまり、「違い」は明示的である必要はなく、しかも、きわめて恣意的なものなのである。

　確かに人は「差別行為」をしようとするとき、あるいはしたとき、「女性だから」や「障がい者だから」といった明白な「違い」を「差別行為」の正当な根拠とすることは、現在では少なくなった。もはや、そういう時代ではなくなったということは喜ばしいが、しかし、この保護者のように、自らの行為を正当化するために、何らかの根拠を躍起になって探している人は、今でもいる。

　そして、こうした場合の根拠は、差別される側にあるとされる「違い」があろうがなかろうが、そのこととはほとんど関係なく見い出されてしまう。つまり、そうやって「差別行為」の正当化のために見い出された根拠は、差別をされる側とは何の関わりもなく主張されることになる。これこそがまさに、根拠が恣意的であることを意味している。「青い目茶色い目」の中の「目の色」という「違い」がまさにこれに当たる。

　しかし、差別する者が差別するために集めたさまざまな恣意的な根拠は、多くの差別をしようとは思っていない者にとって、実は、人それぞれの「違い（差異）」、「個性」なのであって、すなわち、それは、「差別をしない根拠」となり

得るものなのである。そして、この「差別をしない根拠」こそ、社会的な多様性を承認していくために不可欠なものである。今、私たちは、獲得した知識が「差別をしない根拠」になることこそを、大きく主張すべきである。

10　根拠をめぐるもう一つのこと

つぎに、根拠の議論を巡ってよく耳にする、「根拠がないというのなら、ちゃんと抗議すればいいではないか」という主張について考えてみる。

ある行為が差別と命名される前に、その行為がある人にとって嫌なことであれば、そういう行為を止めるように抗議したり、是正を求めたりすることがある。嫌な思いをした人にとっては、それで行為がなくなるのであれば、それで一応は解決したということになる。

ところが、抗議を受けた側が、たとえ誰かが嫌な思いをした行為であっても、いとも簡単に「知らず」にやったことなので、「自分は抗議をされる理由などない、あなたこそ抗議する根拠などないではないか」という主張することがある。そして、そういった主張は、往々にして両者のあいだに存在している権力関係の不均等性を前提になされることが多いので、その主張の持つ攻撃力は強い。

つまり、実際に嫌な思いをした誰かがいることなど無関心とばかりに、最初に抗議した側に、逆に「いいがかり」であると反撃する。これは、抗議した者にとっては、倍返しの仕打ちと言ってもいい。抗議した側はそれでは納得がいかないので、嫌な思いをしたその行為を「差別である」と断罪する

ことによって、反撃をやめさせようとする。

　ところが、一旦行為を「差別である」と断罪すると、日本においてそうであるように、もともと「差別である」とする根拠を曖昧にしている場合、逆にその行為をなした側にとってさらに有利に働くことになる。なぜなら、抗議した側にとって、「差別である」と「差別ではない」とのあいだの境界は、なかなかに決め難く、曖昧に遠慮がちに存在せざるを得ないからであり、そしてすぐさま、その境界は、行為をなした側、つまり差別した側から再設定されてしまうことが多い。そして、こうして再設定された境界は、行為をなした側に、境界の彼方でさらなる差別的ふるまいの自由を与えることになる。差別をめぐる境界の曖昧さが、そのどちら側に有利に働くのか、日本の場合、これは真剣に考慮に値する問題だと思われる。

11　「傍観者」の意味

　この会話を聞いている学生たちの多くは、自らを、「差別者」でも「被差別者」でもない「傍観者」、つまり「第三者」の位置においている。もちろん、会話の内容がそうせざるを得ないほど、登場する者の立場が明確であることが主たる理由であろう。ただ、こうした配置は、ややもすると差別を考えることを遠ざけてしまう方に有効に働く。なぜなら、どう考えても、ふたつの当事者性を自分に重ね合わせることはできない状況であるから、自分とは関係がないと思い込まざるを得ないのである。

　差別はごく少数の「差別者」によって引き起こされる。そ

うであるが故に、「差別者」がいなくなれば、確実に「差別はなくなる」。しかし、歴史や現実はそれがそう簡単ではないことを証明している。

　また、「被差別者」も決して多数ではない。むしろ少数であることの方が多い。では、「差別の解消」の努力を、この「被差別者」に求めることができるか。これはフェアではない。

　そこで、「差別」を減らしていこうとする場合、最もその効果が期待できるパートが「傍観者」であり「第三者」と言われる人たちである。「関わりたくない」、「何もできない」といった感情に心を痛めている「心優しき」人たちである。同時に、その人たちは、決して「差別者」ではなく、「差別する可能性」を持っているに過ぎない人たちなのである。したがって、その人たちの「差別する可能性」を小さくしていくことが、差別を減らすための重要な戦略になる。

　その戦術として、「差別のメカニズム」を知る学習が重要であることはすでに述べてきた。学習のあとは、各個人の「差別するって、嫌なもんやね。だって、差別している人の顔、直視できないよね。だから、わたしは差別はしたくない、せんとこ、いや、なるべくせんとこ」という自覚と決意に任せるしかない。この会話のような「教材」は、確かにそれを促すと思われる。

　但し、注意すべき点もある。必要以上に「傍観者」や「第三者」を「差別者」と同一視したり、近づけ過ぎることは危険である。そうすることが、「減らす」可能性を担う最大のパートからその可能性を奪うことになりかねないからであ

る。もし、自らの立場を「差別者」に近い「傍観者」と捉えているとしても、「差別行為」をしない限り「差別者」ではないのだ。あくまでも、「差別する可能性」を持つ最大パートの一員に過ぎないのである。このパートの「差別する可能性」を小さくすることは、すなわち「差別が減る」ことに大きく影響を与えるので、「差別の少ない社会」を実現できるかどうかは、この最大パートしだいと言ってもいいかもしれない。

Column 5

血のはなし

　個人的なことだが、わたしは占いが、中でも血液型占いがとくに嫌いである。それは、言っても詮ないことだが、まったく科学的ではないし、血液型による乱暴なカテゴライズに、大いに違和感がある。それは、レイシズム（人種差別）の根っこのところに血筋、あるいは血統による決めつけがあると感じることと共通する感覚である。部落差別の典型的な言説の中に、「血が混じる」ことを徹底的に忌避するものがあることなどは、つとに知られている。

　こんな話を学生にすると、かならず次のような話が出てくる。「『ハリー・ポッター』という作品をご存じでしょうか。主人公が魔法学校に入って成長していくという物語なのですが、この魔法学校の中には、魔法使いの血統が純潔であると言われる人と、魔法使いと関係のない血統のマグルといわれる人がいます。物語の中ではたびたび、純血の人がマグルの人を『汚らわしい血』と言って差別します」と。わたしはこの物語を詳しく知らないので、ここでの差別がストーリーの展開の中でどのような意味を持たされているのかわからないが、少なくともこの学生は、これを部落差別と重ねたようだ。部落差別が身近ではなくなりつつあるとはよく言われるが、『ハリー・ポッター』は、今の若い人に部落差別を感じてもらう格好のテキストといっても良い。

　また、「犬や猫だと、血統書つきの純血種と混血の雑種だと値段が大きく変わります。はっきりと純潔じゃないといやだという飼い主もいます。こんなところにも、血統による差別を感じます」と、私たちの日常の中にある血統をめぐる違和感を言

う学生もいる。
　こうした状況を考えると、「血液型占いなんてたわいもないことなんだから、目くじらを立てるほどのことではない」と言い放たれても、わたしはそう簡単に納得させられるわけにはいかない。今、世界は「同質性」に向かって内向きの傾向が強いと言われる。多文化主義は、さまざまな差異が「交じり合う」ことに価値を置くわけだから、血筋を重んじる世界やペットや競走馬における血統重視の世界は、「同質性」の世界であり、決して多文化主義的な理念とは相容れない。しかも、そんな世界では「差別」や「排除」が必然であると思われるから、「平和」とはほど遠い世界のイメージしか持つことができない。不幸なことである。

終章

できるだけ差別しないわたしになるために

1 差別に境界を引く

 「差別である」と「差別ではない」とのあいだに何かがあるとして、その何かは決して引かれた線として存在したり認識されているのではなく、それはきわめて曖昧であり、言うならば幅のあるもの、あるいはグラデーションになったゾーンとでも言えば、わたし自身の心象を表現するものになる。よく人が口にする、「どこまでが差別で、どこからが差別ではないのだ」ということばが、そのことをよく表わしている。

 簡単にそして乱暴に言ってしまえば、ある行為が「差別である」のか「差別ではない」のかの基準は、その行為に直接かかわっている者であれ、第三者としてその行為を評する者であれ、それぞれに違い得るということである。つまり、決め難いということであり、そうであるが故に、差別をめぐる議論には終わりがないのだろう。

 法律などによって、「差別である」ことに、何とか最大公約数的基準を設けようとする試みも、それが、どんなに具体的な「差別である」ことを想定しながら行なわれたとして

　　　　　　　　　終章　できるだけ差別しないわたしになるために

も、その決定に至る過程から主観を排除することはできない。いや、多くは、その時にもっとも妥当らしいという主観によって、決められることが多い。

　したがって、その「差別である」ことに直面したときに、こうして設けられた「差別である」と「差別ではない」とのあいだの基準に、今ひとつしっくりこないものを感じるのは、致し方ないというべきであろう。それでも、何とか自らを納得させようとはするが、どうしてもそうできない時を、誰しもが経験するものである。

　このように、「差別である」と「差別ではない」とを分ける基準を設けようとする試み自体が、かえってその関係を不可解なものにしてしまい、そのことが、差別の問題から人々の関心を遠ざけてしまう結果になっているようである。そして、人々の関心が遠ざかるほどに、差別は温存され、さらに悪いことに、差別を正当化する論理を日の当たる場所へと引き出してしまうことになる。

　そうした引き出された論理が、「素直で率直な発言だ」、「言論の自由だ」と評価されて、頻出する社会が私たちが望んでいるはずの、差別のない社会の対極に位置するものであることは、誰にでも理解できることである。

　確かにそうなのだが、同時に、差別のない社会というのも、実は彼岸のことのようで実感を持ちづらいものである。だからこそ、わたしはそうしたものよりも、差別の少ない社会の実現可能性を問題にしたかった。言うならば、差別のない社会を切望するよりも、社会から差別が少なくなったことを実感したかったのであり、そのための方法を考えたかった。

2　差別問題を「教える」こと

　これまで、差別を主題とする授業をやる気がなさそうに、あるいは、義務的にやったことはなかっただろうか、また、ただ一方的に押しつけるような授業、つまり、わたし自身が、いかにも面白くなさそうに見られてしまうような授業をやったことはなかっただろうか、と振り返る。当然だが、そんな授業が、学生にとって楽しいはずはないであろうし、積極的に学習する意欲を持つはずもない。

　こうした授業の場合、その教師の言動自体が、教育の成立前提を崩してしまっていると言っていい。したがって、その授業の「効果」は期待できるはずもなく、学生にとっては、そこで「語られる」ことすべてが疑わしく、信頼できないものに感じられる。こうしたことからも、授業における教師のありようは、学生や児童・生徒の知的好奇心への動機づけに大きな影響力を持っていると言わざるを得ない。

　中でも、とくに人権問題をテーマとする授業は、その内容が人間存在や人間関係の本質に関わることから、教室にいる者、一人ひとりの生活、こども同士の関係、児童・生徒と教師の関係、クラス運営などに対する影響が大きい分だけ、その重要性は高まる。しかし、こうした「関係性」の役割が大きいということを認識し、教科を越えた授業の創造、いわば知の創造に注目する教員が案外多くないというのは、どうしたわけであろうか。

　人権問題を考えるということは、それが教師であろうと学生、児童・生徒であろうと、タニンゴトではなくジブンゴト

なのだという認識が重要である。だから、教師自身がまず、自分にとっての人権問題や差別問題とは何か、どのような意味を持つのかなどを、ひとりの人間として考えてみることが大切である。そしてその上で、かれらに問いかけ、またかれらから学ぶという姿勢が不可欠だろう。つまり、あたりまえのことだが、教師であることの以前に、ひとりの人間という地点に立たなければならない。

　ただ、その場合、人権問題を考えるということの目標として、「世界から差別をなくさなければならない」などという「大目標」を掲げて安心してしまわず、「できるだけ差別しないわたし」という、極私的な地点に立つことも重要である。もちろん教師も学生、児童・生徒も同様である。

3　できるだけ差別しないわたし

　「できるだけ差別しないわたし」というのは、自分の中に差別心があることから逃げないことであり、その差別心とつき合い、向き合うことある。決して、「差別はいけない」という道徳規範に逃げ込むことではないだろう。「できるだけ差別しないわたし」が増えていけば、すぐさま「世界から差別をなくす」ことはできないにしても、「差別を減らす」ことはできるかもしれない。希望的に過ぎるとしても、そうやっていれば、いつかは差別がなくなると実感できるかもしれない。

　自分の中の差別心とつき合うということは、差別する自分とつき合うことであり、決して差別している対象の問題性を指摘し、差別の必然性、正当性を捏造することではない。つまり、差別を受けている側に差別されることの根拠を求める

ことではないのある。

　万一、差別を受けている側にそうした問題性が認められたとしても、それが差別を正当化する根拠とはならないのは、報復を認めていない現代法の理念から見ても当然のことである。人は心情的に許されるからといって、誰しもが殺人を犯しはしないし、差別をするわけでもない。

　しかし、世の中に根拠のない差別など、あるものではないのも事実である。ただ、よく考えてみると、その根拠は絶対的なものではなく、人が差別しようとするとき、誰しもが勝手に簡単につくり出せるものなのである。だから、そんな「根拠」は無数に存在するだろうし、そうであるが故にそれらはまた、変幻自在でもあるということである。だからやっかいでもあるが、このことが無根虚の根拠と言われる所以である。

　もし、ある時、ある人が、差別されても、あるいはいじめられても当然だという根拠らしきものに思い当たったとしても、前記したようにそれがいつでも「差別行為」、いじめ行為に結びつくものではない。多くの場合、そうであっても「差別行為」に至ることは少ない。それこそが、自らに差別を禁じている自尊感情というものなのではないか。果たして、差別してもいい正当性というものが、世の中に存在するものかどうかを考えてみることも必要である。

4　差別を減らすのはわたし

　国家、文化、民族、人種、性別あるいは障がいの有無、人のすがたかたち、性格などを差別の対象としてではなく、差異の多様性として見ることができれば、私たちの生活世界は

終章　できるだけ差別しないわたしになるために

格段に拡がり、その内容を豊かにすることができる。さらに差異に対する受容力は、差異に対する好奇心と興味を抱かせる。学習にとって、この「知ること」への関心は欠くことのできないものであるし、また、こうしたプロセスは、自己相対化を容易にし、その結果、独立した自己の確立、自律・自立を促すことにもつながる。

　しかし同時に、差別を受けている側に視線を向ける時があるものである。そのとき、差別を受けている側に強さを求めてしまいがちだが、それが、差別されている立場にない強者の論理でしかないということに、気がつかなければならない。差別を受けている者がそのことを公表しなかったことを、異議申し立てをしなかったことを、間違っても「差別行為」の正当性の根拠にだけはしてはならない。「差別行為」がなされた状況において、異議申し立てがいかに困難であるかということに対する想像力を欠如させてはならない。

　なぜなら、差別はほとんどの場合、多数の側が少数の側に対して、その中でも多くの場合、個人に対してなされるからである。それは差別する側が圧倒的な力を保持していることを意味している。したがって、差別-被差別関係は、決して「喧嘩両成敗」的なものではなく、まさに、権力の不均等性にこそ最大の特徴がある。だからこそ、私たちにとっては、差別する可能性のある自分の権力者性をいかに認識し、直視し、それと葛藤し、それを解放する、ここからとりかかることが必要である。

　この点についてよく思うことがある。横断歩道を渡っているとき、直前でブレーキをかける右左折の車にヒヤッとさせ

られることがある。その時、運転席に目をやると、謝るそぶりを見せないばかりか、素知らぬ顔をしたり、逆にはやく渡れとばかりに怖い顔をして睨みつけているドライバーを見かける。自動車という鉄の塊が歩行者や自転車を傷つけることはあっても、その逆はほぼあり得ない。その意味で、両者の間には、差別者と被差別者のような絶対的な力関係の不均等が存在している。

しかも、謝らないドライバーの心中には、「そもそも、自転車や歩行者のマナーがひどいからだ！」という、自らの行為を正当化させる悪魔のささやきが去来しているかもしれない。確かなことは、ヒヤッとしたのは一般的な歩行者や自転車なのではなく、この場合は間違いなく、一個人という絶対的少数者であり弱者なのだ。ここに、差別のメカニズムと同じ構造を見る。ちょっと片手をあげて、「ごめん」という意思表示をすれば済むことなのに、残念ながらそうする人の方が少ないように思う。

教育の役割の一つに、少数者の側に仮に身を置くことによって、多数者側の権力者性を暴くこと、つまりは自らの権力者性、差別者性を認識させることがある。それを想像力とも呼ぶ。しかし、それは必ずしも、自らも含めた差別的存在を否定することではなくて、差別的存在であるにもかかわらず、「できるだけ差別しないわたし」の確立を目指すものであるはずである。私たちにとって、人権問題とのつき合いは、「できるだけ差別しないわたし」の実現に向けた、プロセスそのものだと言ってもいいだろう。自分自身を想像（創造）する力をつけることなのである。

終章　できるだけ差別しないわたしになるために

Column 6
「格差」ではなく「差別」

　地方行財政の合理化、効率化という名の下に行われた大規模な市町村合併にともなって、学校の、とくに小学校の統廃合が頻発し、現在も進行している。そんな中、2015年初めに文部科学省から出された指針は、通学時間がバスを含めた手段を使って1時間以内であれば統合が可能であることを明確にした。これは、通学時間の問題よりも、この1時間で移動する距離の問題と捉えないと、事の真相が見えてこない。つまり、市町村合併によって生じた、小学校の設置の基準である行政単位面積の拡大と密接な関係がある。拡大した行政単位に小学校設置の基準を無理矢理当てはめるための苦肉の策、いや奇策としか思えない。日本の中山間地域の道路を1時間もかけて朝夕バスで移動する小学生の姿を想像すれば、その非現実性がわかると思う。

　「教育の機会均等」は今でも日本の教育制度の根幹をなすものであるし、実情の違いはあれ、その理念は世界中のどの国でも否定されるものではない。もともと小学校は、子どもたちが徒歩で通学できる範囲が想定されていた。特別な手段を使わなくとも、そして都会であっても農山漁村であっても、歩いて通える小学校を準備するという意味で、確かに「教育の機会均等」は保証されていた。しかし、同じ校区内で通学時間や手段が徒歩1分の子どもと、バスで1時間という子どもの「機会」が果たして「均等」と言えるだろうか。

　これは、昔「国鉄」であった時代、日本のどこに住んでいようとその移動の便に供するために全国に張り巡らされた鉄道網が、今ずたずたになっていることを思い起こさせる。私たち

は住む場所によって、納める税金が「均等」でないことはほぼない。「国鉄」の存在は、私たちがそうして納めている「税分配の公正」さを体現するものであった。それが今、民間企業となった旧国鉄はそんな義務を担う必要などないと言わんばかりに、費用対効果という論理によって、全国の人口密度が低い地域からどんどん鉄道を廃止している。単純に収益だけから見れば、もともと人口密度の高い都市とそうではない地域では同一の基準で判断することなどあり得なかった。そこにこそ、人々が納めた税金の納得いく使い道があったのだ。税金の使用は、経済効率だけの論理ではないものが認められるという点にこそ、意味があった。

　小学校と鉄道、一見するとあまり関係がないような気もするが、人々が「税分配の公正」さを体感することのできる最も身近なものであったという点では共通点は多いと思う。あまりに身近すぎて気にも留めていなかったものには、他にも、郵便局や診療所などがある。どれも、なくなってはじめてその重要性に気がつくという哀しい共通点があった。今こそ、これらのことを「格差」という穏当なことばで言い表すような上品はかなぐり捨てて、これをこそ「差別」と呼ぶべきだと思う。この場合、差別されるのは、ほとんどが子どもと高齢者であることも忘れてはならない。

謝　辞

　本書は、ブックレットを作成した時もそうであったように、わたしの科目の受講生やゼミ生たちの協力なしには陽の目を見ることはなかったと思う。とくに、学生たちとのコメントを通じいたやり取りは、講義の性質上ダイレクトなコミュニケーションではなかったことが、かえって「ジブンゴト」の応酬を実現したのかもしれない。そしてそのことが、人が常日頃抱いているだろう疑問や違和感に添った思索が可能になった最大の要因だと思う。本書の中では、いくつかのコメントを紹介しながら論を展開しているが、学生たちにはそのようなことがある場合の承認は一応とった。しかし、展開や内容上での全責任はわたしにある。
　思えば、30年余り、決して専門だとは思っていない領域であるにもかかわらず、「ずうずうしく」も講義を続けてきたものだと思う。毎年講義の冒頭で、「この講義をぼくが担当するのは、皆さんのためだとはつゆほども思っていなく、ひとえに自分のためであり、楽しみのためだ」と言い張ってきたが、いま思えば、この傲慢な身も蓋もない宣言が、継続の原動力になったのかもしれない。
　わたしの講義を受講したすべての学生に謝意を捧げたい。

参考文献および推薦図書

小林哲也/江淵一公編『多文化教育の比較研究――教育における文化的同化と多様化』九州大学出版会　1985
江島修作編『社会「同和」教育変革期』明石書店 1985
藤田敬一『同和はこわい考――地対協を批判する』阿吽社 1987
柴谷篤弘『反差別論――無根拠性の逆説』明石書店　1989
柴谷篤弘『科学批判から差別批判へ』明石書店　1991
中島智子編『多文化教育――多様性のための教育学』明石書店　1998
杉本良夫『オーストラリア――多文化社会の選択』岩波書店　2000
カール・A・グラント他編　中島智子他監訳『多文化教育事典』明石書店　2002
ガッサン・ハージ　保苅実/塩原良和訳『ホワイト・ネイション』平凡社　2003
八木晃介『〈差別と人間〉を考える――解放教育論入門』批評社　2005
好井裕明『差別言論――〈わたし〉のなかの権力とつきあう』平凡社　2007
塩原良和『変革する多文化主義へ――オーストラリアからの展望』法政大学出版局　2010
松尾知明『多文化教育がわかる事典――ありのままに生きられる社会をめざして』明石書店　2013
好井裕明編『新版　排除と差別の社会学』有斐閣　2016

資　料

■【世界人権宣言】国際連合　1948 年
http://www.mofa.go.jp/mofaj/gaiko/udhr/1b_001.html

　人類社会のすべての構成員の固有の尊厳と平等で譲ることのできない権利とを承認することは、世界における自由、正義及び平和の基礎であるので、

人権の無視及び軽侮が、人類の良心を踏みにじった野蛮行為をもたらし、言論及び信仰の自由が受けられ、恐怖及び欠乏のない世界の到来が、一般の人々の最高の願望として宣言されたので、

　人間が専制と圧迫とに対する最後の手段として反逆に訴えることがないようにするためには、法の支配によって人権を保護することが肝要であるので、

諸国間の友好関係の発展を促進することが、肝要であるので、

国際連合の諸国民は、国際連合憲章において、基本的人権、人間の尊厳及び価値並びに男女の同権についての信念を再確認し、かつ、一層大きな自由のうちで社会的進歩と生活水準の向上とを促進することを決意したので、

　加盟国は、国際連合と協力して、人権及び基本的自由の普遍的な尊重及び遵守の促進を達成することを誓約したので、

　これらの権利及び自由に対する共通の理解は、この誓約を完全にするためにもっとも重要であるので、

　よって、ここに、国際連合総会は、

　社会の各個人及び各機関が、この世界人権宣言を常に念頭に置きながら、加盟国自身の人民の間にも、また、加盟国の管轄下にある地域の人民の間にも、これらの権利と自由との尊重を指導及び教育によって促進すること並びにそれらの普遍的かつ効果的な承認と遵守とを国内的及び国際的な漸進的措置によって確保することに努力

するように、すべての人民とすべての国とが達成すべき共通の規準として、

　この世界人権宣言を公布する。

■【Civil Rights Act】（公民権法）アメリカ　1964 年

https://www.ourdocuments.gov/doc.php?flash=true&doc=97#
An Act
To enforce the constitutional right to vote, to confer jurisdiction upon the district courts of the United States to provide injunctive relief against discrimination in public accommodations, to authorize the Attorney General to institute suits to protect constitutional rights in public facilities and public education, to extend the Commission on Civil Rights, to prevent discrimination in federally assisted programs, to establish a Commission on Equal Employment Opportunity, and for other purposes.
Be it enacted by the Senate and House of Representatives of the United States of America in Congress assembled, That this Act may be cited as the "Civil Rights Act of 1964".

■【あらゆる形態の人種差別の撤廃に関する国際条約（人種差別撤廃条約）】国際連合　1969 年　日本加入　1995 年

http://www.mofa.go.jp/mofaj/gaiko/jinshu/conv_j.html
この条約の締約国は、

　国際連合憲章がすべての人間に固有の尊厳及び平等の原則に基礎を置いていること並びにすべての加盟国が、人種、性、言語又は宗教による差別のないすべての者のための人権及び基本的自由の普遍的な尊重及び遵守を助長し及び奨励するという国際連合の目的の一を達成するために、国際連合と協力して共同及び個別の行動をとることを誓約したことを考慮し、

　世界人権宣言が、すべての人間は生まれながらにして自由であり、かつ、尊厳及び権利について平等であること並びにすべての人がいかなる差別をも、特に人種、皮膚の色又は国民的出身による差

別を受けることなく同宣言に掲げるすべての権利及び自由を享有することができることを宣明していることを考慮し、

　すべての人間が法律の前に平等であり、いかなる差別に対しても、また、いかなる差別の扇動に対しても法律による平等の保護を受ける権利を有することを考慮し、

　国際連合が植民地主義並びにこれに伴う隔離及び差別のあらゆる慣行（いかなる形態であるかいかなる場所に存在するかを問わない。）を非難してきたこと並びに1960年12月14日の植民地及びその人民に対する独立の付与に関する宣言（国際連合総会決議第1514号（第15回会期））がこれらを速やかにかつ無条件に終了させる必要性を確認し及び厳粛に宣明したことを考慮し、

　1963年11月20日のあらゆる形態の人種差別の撤廃に関する国際連合宣言（国際連合総会決議第1904号（第18回会期））が、あらゆる形態及び表現による人種差別を全世界から速やかに撤廃し並びに人間の尊厳に対する理解及び尊重を確保する必要性を厳粛に確認していることを考慮し、

　人種的相違に基づく優越性のいかなる理論も科学的に誤りであり、道徳的に非難されるべきであり及び社会的に不正かつ危険であること並びに理論上又は実際上、いかなる場所においても、人種差別を正当化することはできないことを確信し、

　人種、皮膚の色又は種族的出身を理由とする人間の差別が諸国間の友好的かつ平和的な関係に対する障害となること並びに諸国民の間の平和及び安全並びに同一の国家内に共存している人々の調和をも害するおそれがあることを再確認し、

　人種に基づく障壁の存在がいかなる人間社会の理想にも反することを確信し、

　世界のいくつかの地域において人種差別が依然として存在していること及び人種的優越又は憎悪に基づく政府の政策（アパルトヘイト、隔離又は分離の政策等）がとられていることを危険な事態として受けとめ、

　あらゆる形態及び表現による人種差別を速やかに撤廃するために

必要なすべての措置をとること並びに人種間の理解を促進し、いかなる形態の人種隔離及び人種差別もない国際社会を建設するため、人種主義に基づく理論及び慣行を防止し並びにこれらと戦うことを決意し、

1958年に国際労働機関が採択した雇用及び職業についての差別に関する条約及び1960年に国際連合教育科学文化機関が採択した教育における差別の防止に関する条約に留意し、

あらゆる形態の人種差別の撤廃に関する国際連合宣言に具現された原則を実現すること及びこのための実際的な措置を最も早い時期にとることを確保することを希望して、

次のとおり協定した。

■【雇用の分野における男女の均等な機会及び待遇の確保等に関する法律（男女雇用機会均等法）日本　1972年

http://law.e-gov.go.jp/htmldata/S47/S47HO113.html

（目的）

第一条　この法律は、法の下の平等を保障する日本国憲法の理念にのつとり雇用の分野における男女の均等な機会及び待遇の確保を図るとともに、女性労働者の就業に関して妊娠中及び出産後の健康の確保を図る等の措置を推進することを目的とする。

（基本的理念）

第二条　この法律においては、労働者が性別により差別されることなく、また、女性労働者にあつては母性を尊重されつつ、充実した職業生活を営むことができるようにすることをその基本的理念とする。

2　事業主並びに国及び地方公共団体は、前項に規定する基本的理念に従つて、労働者の職業生活の充実が図られるように努めなければならない。

■【Racial Discrimination Act】（人種差別禁止法）オーストラリア　1975 年
https://www.legislation.gov.au/Details/C2014C00014
A quick guide to Australian discrimination laws
https://www.humanrights.gov.au/employers/good-practice-good-business-factsheets/quick-guide-australian-discrimination-laws/
Discrimination on the basis of race, colour, descent or national or ethnic origin and in some circumstances, immigrant status. Racial hatred, defined as a public act/s likely to offend, insult, humiliate or intimidate on the basis of race, is also prohibited under this Act unless an exemption applies. Discrimination in all areas of public life including employment, provision of goods and services, right to join trade unions, access to places and facilities, land, housing and other accommodation, and advertisements.

■【障害を理由とする差別の解消の推進に関する法律（障害者差別解消法）】日本　2016 年
http://www8.cao.go.jp/shougai/suishin/law_h25-65.html
（目的）
第一条　この法律は、障害者基本法（昭和四十五年法律第八十四号）の基本的な理念にのっとり、全ての障害者が、障害者でない者と等しく、基本的人権を享有する個人としてその尊厳が重んぜられ、その尊厳にふさわしい生活を保障される権利を有することを踏まえ、障害を理由とする差別の解消の推進に関する基本的な事項、行政機関等及び事業者における障害を理由とする差別を解消するための措置等を定めることにより、障害を理由とする差別の解消を推進し、もって全ての国民が、障害の有無によって分け隔てられることなく、相互に人格と個性を尊重し合いながら共生する社会の実現に資することを目的とする。

資料

■【本邦外出身者に対する不当な差別的言動の解消に向けた取組の推進に関する法律(ヘイトスピーチ規制法)】日本　2016年

http://www.moj.go.jp/content/001184402.pdf

前文

　我が国においては、近年、本邦の域外にある国又は地域の出身であることを理由として、適法に居住するその出身者又はその子孫を、我が国の地域社会から排除することを煽せん動する不当な差別的言動が行われ、その出身者又はその子孫が多大な苦痛を強いられるとともに、当該地域社会に深刻な亀裂を生じさせている。

もとより、このような不当な差別的言動はあってはならず、こうした事態をこのまま看過することは、国際社会において我が国の占める地位に照らしても、ふさわしいものではない。

　ここに、このような不当な差別的言動は許されないことを宣言するとともに、更なる人権教育と人権啓発などを通じて、国民に周知を図り、その理解と協力を得つつ、不当な差別的言動の解消に向けた取組を推進すべく、この法律を制定する。

■【部落差別の解消の推進に関する法律】日本　2016年

http://www.moj.go.jp/content/001211040.pdf

(目的)

第一条　この法律は、現在もなお部落差別が存在するとともに、情報化の進展に伴って部落差別に関する状況の変化が生じていることを踏まえ、全ての国民に基本的人権の享有を保障する日本国憲法の理念にのっとり、部落差別は許されないものであるとの認識の下にこれを解消することが重要な課題であることに鑑み、部落差別の解消に関し、基本理念を定め、並びに国及び地方公共団体の責務を明らかにするとともに、相談体制の充実等について定めることにより、部落差別の解消を推進し、もって部落差別のない社会を実現することを目的とする。

著者紹介

中島勝住（なかじま　まさずみ）
1951年長崎県生まれ。京都大学卒業。京都精華大学人文学部教授。中国近現代の少数民族や農村部における学校文化への関心が研究のスタートであったが、オーストラリア多文化主義への関心とともに対象地域や領域が拡がり、近年では日本における過疎傾向地域の持続可能性を、その小規模性（マイノリティ性）と多様性という視点から考えようと取り組んでいる。差別問題への関心は、こうした研究の言わばベースにあるものである。

〔装丁〕清水　肇（プリグラフィックス）
〔組版〕小山　光

〈差別ごころ〉からの〈自由〉を

2017年3月31日　初版第1刷発行

著　者——中島勝住
発行者——小笠原正仁
発行所——株式会社阿吽社
〒602-0017 京都市上京区衣棚通上御霊前下ル上木ノ下町73-9
TEL 075-414-8951　FAX 075-414-8952
URL: aunsha.co.jp
E-mail: info@aunsha.co.jp

印刷・製本——モリモト印刷株式会社

©NAKAJIMA Masazumi, 2017, Printed in Japan　ISBN978-4-907244-28-6 C0036
定価はカバーに表示してあります

★阿吽社の本

京都精華大学SEIKAマンガ教育研究プロジェクト●編
マンガで読み解くマンガ教育

定価：本体1000円＋税　ISBN978-4-907244-09-5

京都精華大学マンガ学部におけるマンガ教育の方法論と実際──。竹宮惠子学長をはじめとする教授陣が書き下ろしたマンガと、中島勝住教授ら教育学的視点からの分析論文とのコラボレーション。マンガのプロを目指す人はもちろん、ファンも必読の1冊。
第1章・大学とマンガ教育：竹宮惠子＋中島勝住、第2章・マンガを学ぶ：belne＋中西宏次、第3章・マンガで学ぶ：おがわさとし＋西田亜希子、鼎談／中島勝住＋小泉真理子＋竹宮惠子。

小笠原正仁●著
著作権入門ノート「アートと法」
──表現の自由・自主規制・キャラクター

定価：本体2500円＋税　ISBN978-4-907244-23-1

クリエーターにとって知っておくべき〈著作権法〉のわかりやすい入門解説書。創作の現場での表現の自由と自主規制の関係について、法的枠組みを解説しながら、そこから見える日本の法治主義と支配についても考察している。2001年から版を重ねているロングセラーの増補新訂版、大阪芸術大学・著作権法講義テキスト。
著作権法の構成－知的財産法との関係／著作物／キャラクター／著作権と商標法／二次的著作物・編集著作物・データベースの著作物／著作者人格権・みなし侵害／著作財産権／著作権の制限／著作隣接権／著作権と図書館サービス／表現の自由と規制／自主規制／著作権Q＆A etc.